Dedicado a:

_____

_____

_____

_____

_____

Para: _____

De: _____

Fecha: _____

APOSTASÍA

AHORA

DOCTRINAS PELIGROSAS INFILTRADAS EN LA IGLESIA

DR. JOSE ZAPICO

Nuestra Visión

Alcanzar las naciones llevando la autenticidad de la revelación de la Palabra de Dios, para incrementar la fe y el conocimiento de todos aquellos que lo anhelan fervientemente; esto, por medio de libros y materiales audiovisuales.

Publicado por
JVH Publications
11830 Miramar Pwky
Miramar, Fl. 33025
Derechos reservados

© 2018 JVH Publications (Spanish edition)
Primera Edición 2018
© 2018 Jose Zapico
Todos los derechos reservados.

ISBN 1-59900-159-4

Todas las citas Bíblicas usadas son de la traducción Reina Valera 1960 a menos que se indique otra traducción.

Diseño de la portada e interior: Esteban Zapico y Lidia Zapico
Corrección: Pastora Lidia Zapico y Tatiana Figueroa

Impreso en USA
Printed in USA
Categoría: Teología/Profecía/Escatología/Vida Cristiana

Índice

PRÓLOGO

El escritor del libro que tienes en tus manos, Apóstol Dr. José Zapico, reconocido escritor y conferencista internacional, aborda uno de los temas de suma importancia para los días en que vivimos y que muy poco se habla de este tema ya que muchos no lo hacen por temor a ofender a los demás, o que se sientan mal por hablarles la verdad.

Debemos aprender de Jesús, nuestro maestro quien dijo; *y conoceréis la verdad, y la verdad os hará libres.* Juan 8:32. Cuando se habla de la verdad revelada en las escrituras, esto hace que mucha gente sea libre de la mentira y el engaño.

Estamos viviendo en los últimos tiempos, -Jesús ya lo anuncio-, diciéndoles a sus discípulos, que habría señales antes de su venida; algunas de estas señales son: terremotos, hambre, guerras, enfermedades, y más. Estas son señales visibles y naturales, mas también dijo el Señor, que habrá otra señal y esta es el engaño; *Respondiendo Jesús, les dijo: Mirad que nadie os engañe. ⁵porque vendrán muchos en mi nombre, diciendo: Yo soy el Cristo; y a muchos engañarán. Mateo 24:4,5.*

En estos días somos testigos de una ola muy fuerte de engaño. Muchos creyentes que vuelven atrás, otros están confundidos sin conocer cuál es la verdad. Todo esto tiene que ver con la falta de conocimiento de la Palabra de Dios. Por tal motivo yo recomiendo este libro "LA APOSTASIA AHORA", donde el Apóstol Dr. José Zapico desarrolla en profundidad este tema de la apostasía intentando asolapadamente influir y debilitar a la Iglesia de Cristo. Estoy seguro que esta lectura te ayudará a conocer la obra de engaño y de mentiras que se está introduciendo en las iglesias y desviando de la verdad no solo a creyentes sino a ministros y pastores.

Los motivos por la cual muchos se apartan de la verdad son por el amor al dinero, el orgullo, problemas morales sin confesar, la vanidad y el deseo de probar algo nuevo y diferente en la iglesia, buscar nuevas revelaciones que no tienen nada que ver con la Palabra de Dios. La apostasía es una señal de los tiempos finales, ya el Apóstol Pablo lo anuncio en 1 Timoteo 4:1, *Pero el Espíritu dice claramente que en los postreros tiempos algunos apostatarán de la fe, escuchando a espíritus engañadores y a doctrinas de demonios.*

Nadie os engañe en ninguna manera; porque no vendrá sin que antes venga la apostasía... 2 *Tesalonicenses 2:3.* La apostasía se ha extendido a nivel mundial, entrando hasta los últimos rincones. Satanás el engañador, el adversario de Dios y de la iglesia, no respeta el tamaño de iglesia, tanto ha entrado en las megas-iglesias como en las pequeñas.

A medida que vayas leyendo este libro, entenderás lo que se esconde detrás de falsa enseñanzas que hoy se exponen en los púlpitos como si fuera la verdad dicha por Dios. Cada capítulo trata de un tema sumamente importante, que aclarará tu mente y te dará luz con respecto a todo lo que se mueve en estos tiempos finales, eso te ayudará a no ser engañado y a no escuchar, todo tipo de doctrinas de error. Como dice en Efesios 4:14, *Para que ya no seamos niños fluctuantes, llevados por doquiera de todo viento de doctrina, por estratagema de hombres que para engañar emplean con astucia las artimañas del error.*

Algunas creencias como la Nueva Era dicen que todas las religiones son buenas y todas te conducen a Dios, pero esto es contrario a lo que Jesús enseño cuando dijo: *Yo soy el camino, y la verdad, y la vida; nadie viene al Padre, sino por mí.* Juan 14:6

Estamos en días peligrosos en que se ha cambiado la verdad por la mentira. Dios lo había anunciado anticipadamente por boca del profeta Isaías: *¡Ay de los que a lo malo dicen bueno, y a lo bueno malo; que hacen de la luz tinieblas, y de las tinieblas luz; que ponen lo amargo por dulce, y lo dulce por amargo!* Isaías 5:20.

Te animo a que afirmes tu vida en Cristo, madures en el conocimiento de la Palabra y en tu relación con Dios, que nadie te mueva de tu firmeza y si no estás firme, te animo que lo hagas hoy.

Estoy seguro de que este libro te bendecirá y te ayudará a entender los tiempos difíciles que estás viviendo y que necesitas estar seguros de tu salvación. *Así que debes prestar mucha atención a las verdades que hemos oído, no sea que nos desviemos de ellas. Pues el mensaje que Dios transmitió mediante los ángeles se ha mantenido siempre firme, y toda infracción de la ley y todo acto de desobediencia recibió el castigo que merecía. Entonces, ¿qué nos hace pensar que podemos escapar si descuidamos esta salvación tan grande, que primeramente fue anunciada por el mismo Señor Jesús y luego nos fue transmitida por quienes lo oyeron hablar?* Hebreos 2:1-3

Lee con mucha atención cada capítulo de este libro y estoy convencido que el Espíritu Santo quien guio al autor a escribirlo, también hablará a tu corazón y te dará conocimiento.

Rev. Dimas Zapico
Ministerio Jesús Vive para las Naciones
Unión de las Asambleas de Dios
Av. 14 N°3737 Berazategui – Buenos Aires
Argentina

INTRODUCCIÓN

Fundamentados En La Palabra De Dios En Los Tiempos Proféticos

La Biblia advierte proféticamente (Mt. 24) que llegaría el tiempo del aumento y proliferación de falsos maestros y falsos profetas. Enseñarán y harán grandes prodigios con una gran dosis de engaño, error y mentira. Esto producirá una degradación en miles porque sus mentes serán cautivas al error y a la mentira. Fuertes vientos de falsas doctrinas que traerán confusión golpearán a muchas congregaciones y diversos ministerios; por lo cual, si hoy no se tiene un firme fundamento basado en Cristo, cualquiera estará propenso a tambalear en la fe, dudando de la palabra de Dios.

Por los tiempos peligrosos que se estarán acercando, no será difícil ser engañado para caer en falsas enseñanzas, que están cargadas de apariencia de bondad, pero a la vez estarán cargadas de densas tinieblas de apostasía, bajo la consumación del *misterio de iniquidad*. Timoteo lo describe en su segunda carta anunciando que los oídos de la gente tendrá comezón de oír. Y que muchos maestros conforme a propias concupiscencias, y apartarán de la verdad el oído y se volverán a las fábulas. (2 Timoteo 4:3)

2 TIMOTEO 4:3-5 ^{NTV}

Llegará el tiempo en que la gente no escuchará más la sólida y sana enseñanza. Seguirán sus propios deseos y buscarán maestros que les digan lo que sus oídos se mueren por oír. Rechazarán la verdad e irán tras los mitos. Pero tú debes mantener la mente clara en toda situación. No tengas miedo de sufrir por el Señor. Ocúpate en decirles a otros la Buena Noticia y lleva a cabo todo el ministerio que Dios te dio.

Estudiar la palabra de Dios ha sido, es y será vital para todo cristiano pues es su fortaleza y escudo, tanto para defenderse como en el momento de atacar al enemigo y vencerlo. En ella se encuentra la voz de Dios para la victoria diaria de cada creyente.

EFESIOS 4:14-16 ^{NTV}

Entonces ya no seremos inmaduros como los niños. No seremos arrastrados de un lado a otro ni empujados por cualquier corriente de nuevas enseñanzas. No nos dejaremos llevar por personas que intenten engañarnos con mentiras tan hábiles que parezcan la verdad. En cambio, hablaremos la verdad con amor y así creceremos en todo sentido hasta parecernos más y más a Cristo, quien es la cabeza de su cuerpo, que es la iglesia.

Medita, escrudiña e indaga en la Palabra Dios que fue escrita e inspirada por Dios mismo. Es de suma importancia para ti, hacerlo cada día, eso te llevará a ser edificado continuamente en un sólido fundamento inconmovible e inamovible cuya roca es Cristo. Si estás afirmado en Él, serás fuerte para resistir y confrontar con tenacidad y fe cualquier embate de la apostasía que se mueve en estos tiempos finales. Estos tiempo que se están viviendo, son similares a los descriptos en la Biblia. En esta hora, muchos se han levantado a enseñar, cosas que contradicen lo que dice la palabra de Dios. En cada capítulo vamos a considerar algunas características de esas doctrinas contradictorias comparándolas con la luz de la palabra de Dios.

Es evidente sin lugar a duda en que la Iglesia está viviendo los tiempos proféticos que la Biblia nos alertó que vendrían para los últimos tiempos, es cuando hoy, más que nunca, se levantan continuamente aquellos que intentan contradecir de una forma sutil y abierta lo que ha declarado la Palabra de Dios. Muchos ahora están afirmando que lo que han creído por años; predicando ahora que estaban errados y han recibido *una nueva revelación*. Eso hace que cambien por completo la verdadera interpretación teológica, tal como lo describiera el Apóstol Pablo a su hijo espiritual Timoteo.

En base de esto podría plantear una pregunta ¿de dónde salen las doctrinas de error?

A. Nacen con el comezón de oír (2 Timoteo 4:3). *El comezón de oír* es simplemente no querer escuchar más las enseñanzas bíblicas sino querer 'algo nuevo'. Quienes sienten ese comezón, consideran que las prédicas cristianas están ya pasadas de moda buscando cosas espectaculares, al punto de que llegan a darle más importancia a las manifestaciones fantásticas que a la misma Biblia. El *comezón de oír* se origina en no estar dispuesto a escuchar nada que tenga que ver con las enseñanzas bíblicas o escriturales, sino el deseo de querer oír algo nuevo aunque no tenga ninguna base bíblica. Los que sienten *comezón de oír* llegan a considerar que los mensajes fundados en la correcta interpretación de las escrituras, han pasado de moda, y necesitan oír algo más espectacular que apele a sus emociones y sentimientos y les permitan vivir una vida superficial, sin compromisos, responsabilidades y principios. En esto se descarta la obediencia, fidelidad, santidad y pureza. Hoy las personas prefieren las fábulas artificiosas antes que la verdad revelada por la Palabra de Dios que los confrontan en su estilo de vida y los desafían a ser transformados y cambiados por el poder de la verdad de Dios.

B. Hoy, más que nunca, tenemos una gran proliferación y propagación de falsos maestros, profetas y diversos otros llamados ministerios que están enseñando lo que se les ocurra, por intereses propios y personales, sin jamás entender el temor reverencial a Dios y su Palabra.

En el mismo texto 3 de 2 Timoteo 4 dice que "se amontonarán maestros conforme a sus propias concupiscencias," es decir que habrá muchos que dirán lo que la gente quiere oír, no lo que Dios quiere decirles.

C. El plan orquestado por las tinieblas es poder desviar a millones de la verdad y de los propósitos de Dios para sus vidas, tal como lo describe 2 Timoteo 4: 4

Cuando se presta atención a lo que las 'nuevas' enseñanzas dicen en lugar de atender la voz de Dios a través de la sana doctrina, inevitablemente muchos se desviarán del camino de la verdad, ¡lo cual es muy peligroso! Esos maestros de los que habla la Biblia muy seguramente usarán las escrituras para generar confianza y familiaridad entre su público. El error está en torcer las enseñanzas de las Escrituras (2 Pedro 3: 16), y predicarlas.

Es de sumo peligro el poder escuchar las nuevas y erróneas enseñanzas, sustituyéndolas por la verdadera voz de Dios a través de la correcta y sana interpretación, esto produce inevitablemente que muchos continúen siendo desviados del verdadero camino, para transitar por un camino ancho y espacioso que lleva a la condenación. Es evidente tal como describen estos textos bíblicos que estos modernos y equivocados maestros, intentan generar confianza y mucha familiaridad entre sus oyentes para confundirlos.

Hoy no es de extrañarse que cada nuevo maestro que aparece en la escena, con una nueva revelación, se autoproclama, enseña y manifiesta que es lo único que debe de reconocerse como lo correcto o lo aparentemente verdadero. Por supuesto es totalmente contrario a la advertencia que el Apóstol Pedro menciona en los siguientes textos bíblicos:

2 PEDRO 2:1-3

Pero hubo también falsos profetas entre el pueblo, como habrá entre vosotros falsos maestros, que introducirán encubiertamente herejías destructoras, y aun negarán al Señor que los rescató, atrayendo sobre sí mismos destrucción repentina. Y muchos seguirán sus disoluciones, por causa de los cuales el camino de la verdad será blasfemado, y por avaricia harán mercadería de vosotros con palabras fingidas. Sobre los tales ya de largo tiempo la condenación no se tarda, y su perdición no se duerme.

2 PEDRO 2:1-3 NTV

En Israel también hubo falsos profetas, tal como habrá falsos maestros entre ustedes. Ellos les enseñarán con astucia herejías destructivas y hasta negarán al Señor, quien los compró. Esto provocará su propia destrucción repentina. Habrá muchos que seguirán sus malas enseñanzas y su vergonzosa inmoralidad; y por culpa de estos maestros, se hablará mal del camino de la verdad. Llevados por la avaricia, inventarán mentiras ingeniosas para apoderarse del dinero de ustedes; pero Dios los condenó desde hace mucho, y su destrucción no tardará en llegar.

Es de notar al leer estos textos que en los mismos hay un voz de alerta contra los inmorales y codiciosos falsos maestros, que manipularan a las personas para tratar de alcanzar sus propios objetivos egoístas.

En estos tiempos es La Palabra de Dios, la más segura en la que debes estar atentos, porque ella es como una antorcha encendida.

2 PEDRO 1:19

Tenemos también la palabra profética más segura, a la cual hacéis bien en estar atentos como a una antorcha que alumbra en lugar oscuro, hasta que el día esclarezca y el lucero de la mañana salga en vuestros corazones.

Este texto menciona a las escrituras como la más segura y de esta forma revela la forma de entender toda la historia de la Iglesia. Todo está subordinado y conectado con la Palabra de Dios la única y más segura.

Esto significa que ninguna experiencia, ninguna nueva revelación tiene más autoridad si no está de acorde con la Palabra. Es importante creer que la Biblia contiene todo lo que necesitamos en relación a la salvación, redención, regeneración, justificación, fe, vida eterna y todo aquello que ha sido establecido en ella para bendición.

El verdadero cristiano dispuesto a contrarrestar las doctrinas de error.

1 TESALONICENSES 5:21
Examinadlo todo; retened lo bueno.

El cristiano debe ser muy cuidadoso con lo que escucha con el fin de no dejarse llevar de cualquier tipo de enseñanza. El apóstol Pablo en este versículo dice a la iglesia en Tesalónica que deben examinar todo y quedarse solo con lo que es bueno. Es muy importante recordarte a la luz de este texto bíblico, que debes ser muy cuidadoso con lo que escuchas, con el fin de no dejarte influenciar por ningún tipo de enseñanza que contradiga las Sagradas Escrituras. El Apóstol Pablo afirma que debes de examinarlo todo y quedarte solo con lo que es bueno, correcto, verdadero bajo la inspiración de la Biblia.

El llamado hoy es estar firme, no permitas que los diferentes vientos de doctrinas de error te mueva de un lugar a otro.

Un verdadero cristiano que estudia y escrudiña la Palabra de Dios cada día, se establece en un fundamento sólido y de esta manera solo podrá discernir qué viene de Dios y que no.

Hay un caso particular en la Biblia acerca de unas personas que vivían en un pueblo llamado Berea. El apóstol Pablo, quien era un hombre supremamente conocedor en las Escrituras, les enseñaba a ellos. No obstante estas personas comparaban lo que él les decía con las escrituras para corroborar que estuviera diciendo la verdad (Hechos 17:10-11) Esa es una actitud a imitar más que nunca en estos tiempos, la Biblia debe cual una brújula guiarte para siempre mantenerte en la verdad.

La Biblia es el libro más vendido y más traducido del mundo. La verdad que encierra allí es la misma voz de Dios. Muchos emperadores y líderes han querido destruirla pero no han podido y jamás nadie lo podrá hacer. Nuestro deber como cristianos es estudiarla, practicarla y enseñarla, pues ella nos librará de muchos peligros, nos acercará a Dios y podremos hacer que otros lleguen a Sus pies también. Jamás se debe dar más importancia en la vida cristiana a otra cosa diferente al estudio de la Biblia, ya que si queremos hacer la voluntad de Dios, allí está la fuente del conocimiento.

Recuerda que la Palabra de Dios está completa, tiene toda autoridad y es más permanente que la más profunda de las experiencias espirituales, es la verdadera luz y lámpara de la revelación divina que solo puede irradiar la verdadera presencia de Dios en la vida de todos aquellos que han aceptado a Jesucristo como Señor y Salvador de sus vidas. Solo los verdaderos cristianos tendrán en sus vidas la magnitud de la gloriosa revelación de Él en gloria, en toda su majestad y esplendor.

Después de haber leído este libro, no corras a escuchar todo lo que dicen por todos lados, más bien, estudia la

Palabra de Dios, y tu fe crecerá, tu vida cambiará y tendrás un arma constante contra los ataques del enemigo y la tentación, para siempre salir victorioso en el nombre que es sobre todo nombre Jesucristo Rey de reyes y Señor de señores.

1

¿QUÉ ES LA APOSTASÍA?

Según su etimología la palabra *apostasía* viene del latín *"apostasía"* y este deriva de la voz griega "ἀποστασία".

La palabra apostasía en griego significa, un desafío de un sistema establecido o autoridad; una rebelión; un abandono de la fe. La apostasía en un sentido general puede definirse como: *el abandono, retractación o negación a la fe en una determinada religión*, o por su parte es: *la renuncia o deserción de un partido o instituto para luego ser parte de otro,* es decir que alude **al cambio de doctrina u opinión.**

Según lo manifestado por las escrituras "apostasía" es el abandono de la completa fe en Cristo.

En otros términos una persona apóstata, repudia o deserta el ideal, religión o doctrina fundamental que ha obtenido; y dicha deserción de la fe o creencia supone no solamente desconocer a Jesucristo, sino que además sus mandamientos, enseñanzas y consejos actuando en contra de la voluntad de Dios. Antes del primer siglo y después de Cristo, la apostasía era un término aplicable para las revueltas, tanto de política como de deserción. Algo así como: *"aquello que se revela contra lo establecido".*

Las Formas de Apostasía

Para identificar y combatir completamente la apostasía, es importante que los cristianos entiendan sus doctrinas y como opera el error en sus maestros. En cuanto a las formas de la apostasía, hay dos tipos principales:

1. - Los que se alejan de las doctrinas claves y verdaderas de la Biblia, para seguir las enseñanzas heréticas que proclaman ser la doctrina cristiana real.

2. - Los que renuncian completamente a la fe cristiana, que resulta en un abandono completo de Cristo.

Por lo cual la apostasía es una completa negación de las verdades cristianas fundamentales. Veamos un ejemplo: – la divinidad de Cristo – que comienza con un descenso hacia una desviación completa de la fe. La apostasía casi siempre comienza con una creencia herética y ésta se convierte en una enseñanza errónea que se divide y crece hasta contaminar todos los aspectos de la fe de la persona, logrando entonces la meta que originalmente planificó Satanás; que es un total alejamiento del Cristianismo y sus fundamentos.

Entonces referente al cristianismo, se puede definir lo siguiente: Dejar o abandonar la fe en Dios. Darle la espalda, regresar al mundo; torcer y alterar los principios fundamentales bíblicos. Los desertores, son los que abandonan sus responsabilidades bíblicas o sus obligaciones, separándose de la causa por la cual han sido llamados. Ejemplo: Los desertores del ejército, pierden sus honores para siempre.

Aunque muchos permanecen congregándose, su corazón y sus acciones delante de Dios los delatan como apóstatas. Él conoce las intenciones del corazón. La apariencia delante de Dios no existe.

Otras de las principales tendencias para deslizarse de la verdad, es el amor al mundo y al dinero. ¡Claro que sí! se puede ser apóstata por causa de amar el dinero y a la vez ser cautivado por el mismo. Podrás ver un ejemplo en la carta de Pedro cuando dice:

2 PEDRO 2:15
Han dejado el camino recto, y se han extraviado siguiendo el camino de Balaam hijo de Beor, el cual amó el premio de la maldad.

¿Quién Era Balaam?

Balaam era un profeta que amaba más las riquezas y los bienes materiales, por encima de la verdad de Dios; algo así como un apóstata encubierto, o – un lobo disfrazado de oveja – fue contratado por el Rey de la nación de Moab, para maldecir a todo Israel. Para hacerlo, le ofreció muchas riquezas. En ese momento el pueblo de Israel, estaba caminando por el desierto, y había acampado a las afueras de sus fronteras.

Cuando Balaam fue llevado a un lugar alto donde podía visualizar todas las tribus juntas, debía pronunciar palabras de maldición contra ellos. En ese preciso momento Dios le cerró la boca, y le dijo: *"solo vas a bendecir al pueblo que yo he escogido para mi"*.

Si ponemos atención a este detalle, el profeta Balaam se disponía a maldecir al pueblo de Dios (aparentemente para recibir los beneficios de las riquezas y bienes materiales que el rey de Moab le había ofrecido).

Este ejemplo te ilustra de una manera particular la codicia de Balaam y te lleva a entender como en la época actual esto vuelve a repetirse y cómo actúan los falsos religiosos que solo aman la ambición y su beneficio personal.

La mayoría de los falsos maestros son aquellos que habiendo experimentado el poder salvador de Cristo, ahora lo cambian por la aceptación y la ambición personal.

Es preocupante que los creyentes que caen en la apostasía -rechazando deliberadamente la muerte y resurrección de Cristo- son llevados a un descenso progresivo, perdiendo por completo el temor reverencial a Dios y la fidelidad a su Palabra.

Recuerda, la tentación viene por el oír y ver en lo natural sin fe. Pablo exhorta al joven evangelista diciendo:

2 TIMOTEO 4:4
...y apartarán de la verdad el oído y se volverán a las fábulas...

La Apostasía se engendra en el corazón.

Jesús lo advirtió con las palabras reveladas a Juan: llamándolos; tibios, que dejaron el primer amor. (Apocalipsis 2:4). Jesús avisó de aquellos que, aunque en su nombre ejercían grandes milagros, Él personalmente no los conocía.

No es lo mucho que se puede hacer si al final de la carrera no se estará con Dios. Es mejor estar a cuentas con El, porque perder la pasión por el Señor, es una señal de los últimos días.

Advertencia de la Apostasía

1 TIMOTEO 4:1
Pero el Espíritu dice claramente que en los postreros tiempos algunos apostatarán de la fe, escuchando a espíritus engañadores y a doctrinas de demonios.

¿Qué significa esto? Que negarán las doctrinas fundamentales del cristianismo. Espíritus engañadores y los falsos maestros están enseñando doctrinas inspiradas por Satanás, logrando a veces extraviar a líderes despreocupados, que abandonan la Palabra de

Dios, y que se han vuelto insensibles a la verdad espiritual.

Una persona que se aparta definitivamente de la genuina y verdadera fe, puede ser cautiva de cualquier trampa ideológica que promete hacer de ella un ser más espiritual, como acontece con el falso ascetismo.

Pablo nombra públicamente a los detractores, como lo era Demás, que se fue al mundo abandonando al Apóstol en los momentos cuando estaba en duras pruebas. También es nombrado Alejandro que le causó muchos dolores de cabeza; otros lo traicionaron siguiendo las enseñanzas de los griegos, apartándose de la verdad. (2 Timoteo 4:10,14).

El apóstol Juan indica que esto es una marca de un creyente falso:

1 JUAN 2:19
Salieron de nosotros, pero no eran de nosotros; porque si hubiesen sido de nosotros, habrían permanecido con nosotros; pero salieron para que se manifestase que no todos son de nosotros.

Y al igual que en el primer siglo, la apostasía amenaza el cuerpo de Cristo hoy más que nunca.

La Disertación del Apóstol Judas sobre la Apostasía

En la carta de Judas, se advierte sobre los peligros de la apostasía, sirviendo como un manual para entender las características de los que se apartaron de Cristo como los narrados en éstos textos bíblicos (Judas era uno de los hermanos de Jesús y un líder en la iglesia primitiva).

JUDAS 1:4

Porque algunos hombres han entrado encubiertamente, los que desde antes habían sido destinados para esta condenación, hombres impíos, que convierten en libertinaje la gracia de nuestro Dios, y niegan a Dios el único soberano, y a nuestro Señor Jesucristo.

Las palabras de Judas son tan reveladoras en el día de hoy, como en el momento que el Apóstol las escribió en el primer siglo. En su carta del Nuevo Testamento, él describe cómo reconocer a los apóstatas e insta encarecidamente a los fieles del cuerpo de Cristo, a contender ardientemente por la fe (vs. 3).

La palabra griega traducida **"contendáis ardientemente"** es un verbo compuesto del cual obtenemos la palabra **"agonizar"** y significa que la lucha será continua. En otras palabras, el Apóstol Judas está diciendo que va haber una lucha constante contra falsas enseñanzas y que los cristianos deben tomarlo tan en serio, que se "agoniza" sobre la lucha en que estamos inmersos.

Por otra parte, Judas aclara que todo cristiano está llamado a esta lucha; no sólo los líderes de las iglesias o las congregaciones locales, sino a todos los creyentes. Por eso es muy necesario estar llenos del Espíritu Santo y estar continuamente apercibidos por medio del discernimiento, que es tan necesario para detectar los desvíos ocasionados por aquellos que fácilmente se deslizan de la verdadera palabra de Dios.

En segundo lugar, Judas describe a los apóstatas como impíos y aquellos que usan la gracia de Dios como una licencia para cometer actos injustos.

En tercer lugar, Judas dice que los apóstatas niegan al único y soberano Dios, y a nuestro Señor Jesucristo.

Finalmente, la señal de un apóstata es que eventualmente decae y se aparta de la verdad de la Palabra de Dios y Su justicia.

El Apóstol Judas enumera 18 rasgos poco favorecedores de los que se apartaron de la verdad para ser identificados más fácilmente por todos. Este es el perfil de los apóstatas, según el Apóstol Judas:

- *Versículo 4*: Impíos, moralmente pervertidos, y que niegan a Cristo.

- *Versículo 8*: Mancilladores de la carne, rebeldes, gente que blasfema a los ángeles, ignorantes de Dios.
- *Versículo 10*: Proclamadores de visiones falsas, son autodestructivos.
- *Versículo 16*: Murmuradores y criticones, que andan según sus propios deseos. Son personas que usan palabras arrogantes y adulaciones falsas.
- *Versículo 18*: Burladores de Dios.
- *Versículo 19*: Los que causan divisiones, son sensuales, y finalmente (y no es de extrañar) carentes del Espíritu.

En estas dos últimas décadas, estas son las doctrinas y movimientos que están dañando a los nuevos conversos y débiles en la fe:

- El Dominionismo y Reino ahora.
- la teología de la prosperidad.
- La falsa llamada "Reforma".
- El Dios ilegal.
- El evangelio de la inclusión.
- La iglesia emergente.
- La Híper Gracia.
- La iglesia post modernista.
- La iglesia de la verdad relativa.
- El ecumenismo.
- La tolerancia.
- La teología del Remplazo.
- La seudo cuadridimensionalidad de Dios.

- Y muchas más tendencias de desvíos, errores y engaños dentro de los parámetros de la apostasía.

¡Afírmate en el Verdadero Fundamento!

En el libro de Miqueas puedes leer la declaración que hizo el profeta como un compromiso en nombre de toda la nación de Israel, de nunca desertar de Jehová su Dios. ¡Haz tú también esta promesa delante del Señor! El Salmista dice:

SALMOS 48:14
Porque este Dios es Dios nuestro eternamente y para siempre; Él nos guiará aún más allá de la muerte.

Jesús es el **único** camino al verdadero Dios, creador de todo:

- Dejar el camino de Dios es ser apóstata.
- Volverse atrás o al mundo, es ser apóstata.
- Servir a otras causas que niegan la eficacia de la Palabra de Dios, es ser apóstata.

Pablo exhorta a la Iglesia de Colosas diciendo:

COLOSENSES 2:6
...Por tanto, de la manera que habéis recibido al Señor Jesucristo, andad en él.

Las Sagradas Escrituras dicen que la apostasía va a incrementar a medida que el retorno de Jesucristo se acerque:

MATEO 24:10
Muchos tropezarán entonces, y se entregarán unos a otros, y unos a otros se aborrecerán.

Mientras que a los de Tesalónica Pablo les profetiza que una gran apostasía, precedería la Segunda Venida de Cristo y que el fin de los tiempos se caracterizaría por tribulación y falsos maestros (2 Tesalonicenses 2:3).

2 TIMOTEO 3:1-2,5
En los postreros días vendrán tiempos peligrosos. Porque habrá hombres… que tendrán apariencia de piedad, pero negarán la eficacia de ella; a éstos evita

2

LA SEÑAL DEL ENGAÑO

El Engaño Como Modalidad en la Época Actual

En este capítulo leerás de la primera señal del engaño religioso que Jesús habló:

MATEO 24:4-5
Respondiendo Jesús, les dijo: Mirad que nadie os engañe. Porque vendrán muchos en mi nombre, diciendo: Yo soy el Cristo; y a muchos engañarán.

El engaño religioso sería una de las señales que se acrecentarían de una forma alarmante en los últimos tiempos. La expresión *"a muchos engañarán"*, tiene que ver con una de las mayores estrategias que el diablo emplearía sobre la humanidad, y sería precisamente esta: *el engaño.*

Aunque el enemigo siempre lo ha utilizado como un arma destructiva; en el tiempo del fin, este plan será desarrollado desplegando legiones de demonios para llevar a cabo este propósito destructivo.

Es notorio que en estos tiempos la falta de fe y confianza en Dios, ha llevado a millones de personas a vivir en un estado de desesperanza continua; peor aún es ver como la apostasía mundial ha avanzado a pasos agigantados, culminando cuando el anticristo haga su aparición sobre la tierra. Este sutil personaje mezclado con la tecnología, logrará engañar a todos los gobernantes incluyendo a los líderes de Israel, que lo identificarán y seguirán fielmente como si fuera el Mesías tan esperado.

La apostasía, que es el engaño mismo de Satanás, es el estado de seducción y tergiversación de todos los conceptos y fundamentos de la Biblia, llevado a cabo por falsos maestros, falsos profetas o pretendidos cristos. (Mateo 24:11).

Los tiempos del fin se identifican muy directamente con el engaño; aunque no hay que asombrarse porque esto aumentará progresivamente. Es notorio que el efecto que la apostasía está produciendo en distintos lugares, contribuye a que miles de creyentes determinen en sus vidas el aceptar prácticas y estilos de vida que van contrarios a las enseñanzas de la Biblia.

MATEO 24:24
Porque se levantarán falsos Cristos, y falsos profetas, y harán grandes señales y prodigios, de tal manera que engañarán, si fuere posible, aun a los escogidos.

Estos falsos profetas no solo engañan a otros, sino que ellos mismos están engañados. Los falsos cristos, podrían incluir a algunos líderes religiosos de esta época actual. Es importante notar que estos textos bíblicos dan luz sobre una importante señal que confirma el próximo retorno de Jesucristo; recordemos que el engaño de los falsos profetas incluirá la señal de milagros y maravillas hechas por ellos. Jesús mismo advirtió del movimiento de falsas señales y prodigios en los postreros días y esto mismo fue afirmado más tarde por el Apóstol Pablo quien expreso algo similar:

2 TESALONICENSES 2:3
Nadie os engañe en ninguna manera; porque no vendrá sin que antes venga la apostasía, y se manifieste el hombre de pecado, el hijo de perdición.

El Apóstol Pablo también se lo escribió a los Corintios diciendo:

2 CORINTIOS 11:3
....Pero temo que como la serpiente con su astucia engaño a Eva, vuestros sentidos sean de alguna manera extraviados de la sincera fidelidad a Cristo.

En este texto se puede ver la carga que el sentía cuando dio esta advertencia a la Iglesia de Corinto, por eso cuando utilizó la palabra *"temo"*, demostraba la gran preocupación por la condición de los creyentes, ante la posibilidad de ser engañados si descuidaban su comunión y su verdadera posición en Cristo. Él sabía muy bien la sutil astucia de Satanás para engañar, haciendo que las mentes se apartasen de la sincera obediencia a la Palabra de Dios y su estado de fidelidad a Jesucristo.

Es evidente que cuando la mente y los sentidos naturales son cauterizados y afectados por el engaño; los seres humanos tienen tendencias a inclinarse aprender el misticismo y todo lo que tenga relación directa con el mundo de la tiniebla. Aún más, Pablo menciona otra palabra que te lleva a reflexionar y es *"extraviar"*, lo que significa: *salirse del verdadero camino, desviarse o apartarse.*

Esto es lo que el diablo siempre ha intentado hacer con el hombre. El Apóstol Pablo sabía muy bien que muchos estaban en peligro de ser engañados por falsos predicadores al aceptar un evangelio totalmente tergiversado, y por oír las enseñanzas de éstos obreros fraudulentos, podían terminar siendo desviados de la sincera y genuina devoción a Cristo.

El Engaño Como Señal del Fin Dentro de la Iglesia

En muchas iglesias o congregaciones de hoy, algunos aparentan ser ministradores de justicia a pesar de que sus enseñanzas contradicen por completo la Palabra de Dios, llevando a miles de sus seguidores a la ruina y desastre espiritual.

En el libro de Efesios vuelve otra vez advertir a la iglesia lo siguiente:

EFESIOS 4:14

...Para que ya no seamos niños fluctuantes, llevados por doquiera de todo viento de doctrina, por estratagema de hombres que para engañar emplean con astucia las artimañas del error.

Es importante saber que tener "madurez espiritual" significa: *"no ser como niños inestables, fácilmente engañados por las falsas doctrinas de otros y susceptibles a las teatralidades astutas"*. Las personas permanecen como niños si son insuficientes en su comprensión de las verdades bíblicas y su fidelidad a ella.

Luego Pablo explica a Timoteo la naturaleza de esa apostasía al comparar la iglesia apostata con la apostasía de Janes y Jambres. Estos dos hombres fueron magos en la corte del Faraón quienes, por el poder de satanás, imitaron hasta cierto punto los milagros que hizo Dios a través de Moisés y Aarón. Así como en los días de Moisés; la gran oposición a la verdad en los postreros tiempos, no vendrá ni de los ateos, ni de los escépticos; sino de los engañadores de las multitudes a través de falsas señales y prodigios.

2 TIMOTEO 3:1,8

...También debes saber esto: que en los postreros días vendrán tiempos peligrosos... Y de la manera que Janes y Jambres resistieron a Moisés, así también éstos resisten a la verdad; hombres corruptos de entendimiento, réprobos en cuanto a la fe.

Es notorio que el engaño degrada y pervierte la verdad a través de falsas señales y enseñanzas; todo esto contribuirá a que la iglesia apostata acepte al anticristo.

Observa con atención lo que dice el Apóstol Pablo:

2 TESALONICENSES 2:9-12

9 ...inicuo cuyo advenimiento es por obra de Satanás, con gran poder y señales y prodigios mentirosos, 10 y con todo engaño de iniquidad para los que se pierden, por cuanto no recibieron el amor de la verdad para ser salvos. 11 Por esto Dios les envía un poder engañoso, para que crean la mentira, 12 a fin de que sean condenados todos los que no creyeron a la verdad, sino que se complacieron en la injusticia.

Es evidente que en la advertencia que el Apóstol Pablo hizo a Timoteo, no cabe la menor duda de que la Iglesia – al regreso de Cristo – estaría siendo atacada sutilmente por el rechazo de la sana doctrina, por parte de los falsos profetas y de todos aquellos que aman sus caminos; los alientan y los apoyan. *(2 Timoteo 4:2-4)*

Por otra parte, es necesario recordar lo que el Espíritu Santo reveló por medio del Apóstol Judas; y que se hace mucho más evidente en estos días:

JUDAS 1:3-4

Amados, por la gran solicitud que tenía de escribiros acerca de nuestra común salvación, me ha sido necesario escribiros exhortándoos que contendáis ardientemente por la fe que ha sido una vez dada a los santos. Porque algunos hombres han entrado encubiertamente, los que desde antes habían sido destinados para esta condenación, hombres impíos, que convierten en libertinaje la gracia de nuestro Dios, y niegan a Dios el único soberano, y a nuestro Señor Jesucristo.

El Apóstol Pedro escribió acerca de esta misma temática y advirtió que por medio del engaño, muchos falsos maestros introducirán encubiertamente herejías destructoras.

Es importante entender el significado de la palabra *"herejía"* que viene de la raíz griega */haireseis/.* El vocablo originalmente quería decir: hacer una selección o definir una opción. La palabra evolucionó hasta llegar a implicar una preferencia basada en una opinión o un sentimiento, lo cual hizo derivar fácilmente su significado hacia el concepto de falta de unidad, afiliarse a un bando, tener diversidad de creencias, crear disensión y sustituir la verdad con opiniones arbitrarias.

En el Nuevo Testamento se aplica fundamentalmente a las sectas y a todas las personas que profesan opiniones contrarias y ajenas a la verdad. *(2 Pedro 2:1-17).* Todos estos textos son semejantes a los que también habló el Apóstol Judas. Al leerlos dan una gran advertencia de cuan grave seria el peligro causado por los falsos profetas y maestros en la presente dispensación.

El Espíritu Santo inspiró tanto a Pablo como a Judas para consignar estos importantes temas casi al final de sus vidas y advertir a su generación -y todas las generaciones siguientes-, de no caer en las redes destructivas del engaño y la apostasía.

El Nuevo Testamento enseña que la era de la Iglesia se caracterizaría por la propagación y proliferación de maestros de engaño y que las mismas se propagarían en los postreros tiempos. El espíritu de engaño, es el resultado de la conexión con el espíritu de mentira, que con gran astucia, logran producir confusión a multitudes de personas. La palabra engañar significa: *inducir a otra persona para que salga del camino recto.*

La Biblia enseña que la Iglesia de Jesucristo en los postreros días, tendría que contrarrestar las doctrinas e invasiones de demonios; reclamando a Dios cada día un mayor discernimiento del Espíritu Santo.

Esta es la razón por la que el Apóstol Pablo recomendó a Timoteo *"permanecer firme ante el engaño"*, pues le advirtió que, en los días finales, la gente sería llevada y arrastrada por todo tipo de perversiones, mentiras y pecados, rechazando la realidad y los fundamentos de la vida cristiana.

La Señal del Engaño

Los engañadores religiosos continuamente irían de mal en peor, pero el verdadero y genuino cristiano que mantiene su mirada puesta en el autor y consumador de la vida, se mantendría en fortaleza y estabilidad, apoyándose cada vez más en las Sagradas Escrituras.

Toda esta impetuosa corriente de negatividad y confusión es la preparación básica, en la cual impregnará la religión mundial. Es de esta manera como se irá conformando la iglesia apóstata, encajando perfectamente en la gran advertencia profética.

2 TIMOTEO 4:2-3
Porque vendrá tiempo cuando no sufrirán la sana doctrina, sino que, teniendo comezón en oír, se amontonarán maestros conforme a sus propias concupiscencias, y apartarán de la verdad el oído y se volverán a las fábulas.

Miles progresivamente se van acondicionando a la manera de vivir y pensar del mundo que les rodea, una forma racional y material de actuar, que va destruyendo y apagando la ardiente llama de la fe.

Hay algo que es preocupante y es ver la forma como se va perdiendo la sensibilidad espiritual a todo aquello que tienen que ver con el Señor y la reverencia que se debe mantener en su obra que es santa y pura.

Una de las sagacidades más efectivas que el mundo de las tinieblas está empleando, es llevar a muchos a no servir al Señor con excelencia y convicciones sólidas que demarquen lo que son en Cristo.

No se puede permitir en esta hora, que los tentáculos destructivos de la apostasía y el engaño, viertan grados de contaminación y degradación, sobre aquellos que se dicen servir al Señor. Es menester entender que tantos los que predican como los que alaban y adoran, necesitan pasar por la escuela de Dios y su consagración. Las condiciones para servir a Dios, siempre han sido las mismas: estar consagrado en santidad y dispuesto a rendirse incondicionalmente a Él.

Nunca la Iglesia ha conmovido al mundo por adaptarse a su sistema y conducta; sino por depender del poder y la unción del Espíritu Santo. Si quieres ser usado por Dios e impactar al mundo en esta hora profética; no dejes jamás que satanás, te atrape en la superficialidad y conformismo. Ministros del evangelio: recuerden que hay un Dios que se merece lo mejor de sus vidas. Ministros de música: que sus talentos sean solo para adorarle y honrarle a Él y no participen de las obras infructuosas de las tinieblas, ni se mezclen con nada que tenga que ver con el espíritu de Babilonia.

Cuando se pierde el verdadero sentido del llamado y propósito del servicio en la obra de Dios; la apostasía y el engaño comenzaran a minar y dañar esas vidas. No dejes de pensar en lo grande y verdadero que Dios ha derramado sobre ti; no hay precio para pagarlo, y por lo tanto es innegociable. No dejes que la apostasía robe tu corona.

Los Pasos Que Indican Cuando Hay Engaño

- Los creyentes influenciados por la incredulidad dejan de tomar en serio las verdaderas advertencias, promesas y enseñanzas de la Palabra de Dios.
- La mentira del mundo llega a ser mayor que la realidad del reino de Dios.
- Hay cada vez más tolerancia al pecado.
- No se atienden a las advertencias del Espíritu Santo por la dureza del corazón y el rechazo del plan de Dios.

La Biblia ha declarado en forma profética, sobre el plan aplastante y destructivo de la apostasía mundial, a la que tendría que enfrentarse la Iglesia de Jesucristo. Todo lo que trate de sustituir el valor de la Palabra de Dios, hay que tener cuidado.

El Apóstol Pablo reconoció, el peligro y la amenaza que representan las doctrinas de demonios, tal como lo describió en sus cartas.

En toda la historia, nunca ha habido un tiempo como este que estás viviendo, cuando los creyentes necesitaran usar más que nunca el **"Yelmo de Salvación"** para guardar sus mentes. En estos días tan peligrosos, el fiel cristiano tendrá que fortalecer su mente en contra de toda instrucción de satanás y renovarse en el conocimiento de "La Palabra de Dios."

Muchos hoy prefieren las fábulas imaginarias, antes que la verdad de Dios.

Eso quiere decir que aceptarán la falsificación de los hechos, cerrando sus ojos y bocas; y viviendo en un estado de error y de mentira. Es triste pensar que para muchos la fe objetiva y verdadera en el fundamento de la Palabra, se torne en fábulas, engaños, mentiras, degradaciones y perversiones; viviendo cada vez más lejos de Dios y fuera de su protección. Hoy la humanidad entera está viviendo en tiempos sumamente peligrosos.

Cuando la Biblia menciona la palabra *"peligrosos"*, viene de la raíz */chalepos/,* que significa: *ásperos, salvajes, difíciles, dolorosos, fieros, dañinos y duros de tratar.* Esta palabra describe una humanidad desprovista de virtud, moralidad y ética cristiana y que sería cautivada por toda clase de vicios.

Este es un tiempo alarmante, donde la apostasía tomará más arraigo. La Palabra de Dios da una lista de las razones por las cuales el peligro profetizado vendría a este mundo en el tiempo postrero. En este texto bíblico te darás cuenta como sería el carácter de los hombres para el tiempo final. *(2 Timoteo 3:1-5)*

- *amadores de sí mismos,*
- *avaros,*
- *vanagloriosos,*
- *soberbios*
- *sin afecto natural*
- *traidores*
- *amadores de los deleites más que de Dios*
- *que tendrán apariencia de piedad, pero negarán la eficacia*

A todos estos, dice la Palabra: "evita". Esto significa: *esquivar, tener cuidado, apartarse de tal persona.* Las conductas de maldad que se propagarán sobre toda la humanidad, serán el factor por el que se producirán los tiempos peligrosos.

El hombre preferirá alejarse cada vez más de la verdadera conducta que agrada a Dios e impulsado por las fuerzas demoníacas, vivirá contrario a lo que la Palabra le ha determinado. Los hombres amaran más los deleites pasajeros y momentáneos de la vida. Muchos predicadores tenderán a ofrecer solo entretenimiento y pasatiempo a la gente, en lugar de enseñar y predicar la realidad de la Palabra de Dios, la cual solo ella tiene el poder y autoridad de dar vida.

Con esta forma de actuar millones de hombres y mujeres tomaran parte activa en lo que será un sistema religioso, que no amará a Dios y no vivirá de acuerdo a su Palabra revelada. Muchos tendrán una apariencia de piedad, pero estarán totalmente vacíos del verdadero poder de Dios y carentes de la genuina unción del Espíritu Santo. Todo esto revela que la humanidad está llegando al tiempo del fin, y le enseña al verdadero cristiano, a permanecer firme, en oración y obediencia, estando atento a todo lo que se desarrolla en derredor y siendo sumamente sensible a la presencia del Señor.

Hay un Cambio en Todos los Valores de la Sociedad

Grandes organizaciones están financiando e instalando clínicas de abortos. Muchos son los que abogan por reducir la población mundial, sin interesarles los altos costos que esto conlleva.

Cada día hay más destrucción al concepto de familia tradicional, el cual se quiere suplantar por diferentes ideologías de géneros y tantas otras condiciones que propagan la inmoralidad en todos los sentidos de la vida diaria. Puedes entonces darte cuenta, del plan demoledor que Satanás tiene y es destruir lo que Dios mismo ha instituido.

Esta es la razón por la que la familia y el matrimonio están siendo atacados en todas las áreas, siendo cada vez mayor el número de adeptos que se envuelven en las obras cautivadoras y destructivas de las tinieblas.

Entre los mayores factores que más contribuyen a estas desviaciones, está la moda unisex. Las barreras que antes existían están desapareciendo. Por esta razón, depende mucho la convivencia que el niño tenga con sus padres en el hogar y en el medio ambiente que le rodea a diario.

Toda La Plataforma Ya Está Preparada

Dios está dando una aguda revelación profética y esta habla con claridad, mostrando los detalles de la religión en el tiempo final. La derrota total de las fuerzas diabólicas, será de gozo total para el pueblo de Dios, aunque para el resto del mundo, será motivo de angustia; pues proféticamente la maldad se intensificará, a medida que avanza el tiempo del fin; porque Satanás sabe que le queda poco tiempo.

La humanidad sin Dios corre un alto riesgo. No tendrá la capacidad para enfrentar el peligro que le aguarda. Vivirán inseguros y propensos a caer en las condiciones más engañosas de religiosidad. Cuando el ser humano no ha tenido una verdadera experiencia con Jesucristo, el corazón de éste es llevado continuamente a ser inclinado al mal. Es en esta condición en que la iniquidad alcanzará su clímax máximo. Por esta causa, el gobierno mundial se acercará velozmente a las naciones. La Biblia describe que, en los días de la gran tribulación, tendrá lugar este tipo de gobierno.

El anticristo será el instrumento y el personaje visible para obedecer las demandas y ambiciones de satanás, y así de esta manera poder gobernar al mundo; tanto en lo natural como en lo espiritual.

Para poder gobernar el mundo natural y visible es decir, los reinos de este mundo-, este personaje tendrá un carisma inigualable, tanto en la política, en la economía, como también en la religión mundial. El logrará dominar todo por medio de este gran sistema religioso mundial, que se está preparando rápidamente en esta hora, y por medio del cual manifestará toda clase de conceptos que irán contrarios a Dios y su Palabra eterna.

Proféticamente está escrito, que Satanás llevará a cabo una terrible y frontal lucha para alcanzar el poder del mundo -en todas las esferas que he mencionado-, mediante una propagación de movimientos de engaños que se desencadenarán a diario sobre toda la faz de la tierra.

Los tiempos se irán empeorando a medida que se acerca el día grande y temible del Señor. Los postreros días se caracterizarán por la maldad, en donde las normas y principios de moralidad irán cayendo a un nivel más bajo y degradante, teniendo efectos trágicos:
- La desintegración del matrimonio y de la familia.
- La propagación de la influencia del satanismo.

- La continua práctica de lo místico y oculto.
- La carrera desenfrenada de toda práctica de vicios y pecados.

El Apóstol Pablo advirtió en forma profética que en los tiempos finales, las familias serían atacadas e influenciadas por desobediencia y pecado; produciéndose reacciones en cadenas tales como:

- Los hijos serían desobedientes y rebeldes hacia los padres.
- Los hombres y mujeres no tendrían afecto natural, es decir, perderían todo afecto y relaciones familiares.
- Habría falta de ternura y amor natural. Las madres despreciarían, rechazarían y abandonarían a sus hijos, matando a sus bebes antes de nacer, sin tener el más mínimo remordimiento o cargo de culpabilidad.
- Los hombres -que siendo esposos y padres- abandonarían sus responsabilidades familiares, sin importarles nada en lo absoluto.
- Los hijos que rechazarían a sus padres en los días de su ancianidad, avergonzándose incluso de ellos.
- Hombres y mujeres que solo pensarán en el dinero, en el placer, en la vanagloria de la vida transitoria, no pensando en sus propias familias;

ni en aquellos que le rodean con un verdadero sentido de amor.

Cuando conoces el momento que estás viviendo, esto te da la capacidad para blandir con tenacidad y fe la espada del Espíritu, que es la Palabra de Dios; frente a las obras opositoras del engaño que se lanzan con gran furia sobre toda la humanidad.

El peligro de ser engañado es que quienes están en esta posición no creen ni reconocen que están tergiversados, y por eso serán llevados a un total estado de tibieza espiritual, no apercibiéndose de la hora que están viviendo en el acontecer profético. Por esta razón, hoy más que nunca los creyentes deben estar preparados para confrontar en el poder y unción del Espíritu Santo; a toda esta corriente impetuosa, de mentiras, engaños y fuerzas de oscuridad.

El Llamado es a Rechazar el Engaño y Amar la Verdad

El engaño no es otra cosa, sino la acción inductora que lleva el efecto de desviar. Es también hacer creer a alguien como verdad aquello que no lo es. A esto se le llama engaño sin límites. En el engaño se usan las mentiras, las trampas o las artimañas con acciones malintencionadas. Para que el engaño llegue, se requiere usar la mentira disfrazada con apariencia de verdad, con el objetivo de producir una ilusión (falsa percepción), en aquellos que lo reciben. Un engaño, por lo tanto, es una mentira a medias, que incluye ciertas porciones de verdad alteradas por completo y sacadas de contexto.

El engaño es falta de verdad (enfatizando la mentira), en lo que se dice, se hace o se piensa. Algunos engaños salen de personas que ya cayeron en la trampa, y consideran lo recibido como una verdad. Hay algunos que intentan proteger a otros para que no caigan en el engaño, sin saber que ellos mismos lo están transmitiendo.

Lamentablemente estos conceptos pueden venir de llamados ministros del Evangelio, que con astucia traen error y mentira para desviar a los santos. Todo esto fue declarado proféticamente por Jesús y después por el Apóstol Pablo.

MATEO 7:15
Guardaos de los falsos profetas, que vienen a vosotros vestidos de ovejas, pero que por dentro son lobos rapaces.

HECHOS 20:29
Porque yo sé que después de mi partida entrarán en medio de vosotros lobos rapaces que no perdonarán la vida al rebaño;....

Es menester hoy más que nunca estar alerta para no caer en el engaño disfrazado que viene para arrastrar y hacer que la libertad del creyente se pierda. No des lugar al engaño, y lucha a toda costa para descubrirlo. No permitas que nadie entre a cuestionar tu fe, y no permitas ser cautivado en tus sentidos y ni mucho menos que tu corazón sea contaminado.

Los instrumentos que se convierten en canales de engaño proliferan día a día; y en toda circunstancia. Los principios del mundo se rigen por quienes gobiernan la esfera natural y todo lo que conlleva al humanismo, y no se rigen a lo que dice Dios por medio de su Palabra escrita y revelada. Es importante que puedas discernir el error por medio de la verdad, y no trates de vencerlo por ti mismo. Ningún medio utilizado para desviarte será efectivo, si confías en Dios y en el poder de su Palabra. Las filosofías vienen desde antes que fuera expuesto el Evangelio por medio del Señor Jesucristo. La filosofía tiene su origen en la civilización griega, quienes demandaban sabiduría, como un estilo de vida.

El Apóstol Pablo tuvo que enfrentarse en los días que él vivió, a las diferentes tendencias filosóficas griegas; a esas directrices que elevaban la razón de lo natural en la humanidad.

Una filosofía encierra razonamientos sobre la esencia, las propiedades, las causas y los efectos de las cosas naturales; especialmente sobre el ser humano y el universo. De ahí es donde se deriva un sistema filosófico o conjunto de razonamientos que hayan sido expuestos por pensadores famosos.

Jesucristo no fue un filósofo; las verdades de su propósito de vida fueron puestas en acción, para cumplir la voluntad de Dios. En cambio, una filosofía es la forma de pensar o de entender la vida, el mundo o un asunto concreto de la naturaleza.

El Evangelio de Jesucristo es la verdad que modela la vida de los hijos de Dios. El Evangelio no se debe tomar como filosofía, y tratar de recargar el alma solo con los conceptos y principios que la filosofía contiene. El Evangelio de Jesucristo es vida llena de profundidad y fe genuina; impulsada por el poder del Espíritu Santo desde tu ser interior.

La solución en medio del dolor y de las contrariedades diarias, no se deriva de conceptos filosóficos; sino del poder que tienen las palabras de Dios. No te dejes engañar, la vida no tiene soluciones superficiales, ni cambios externos. La vida requiere una fuerza superior para ser levantada, a fin de no doblegarse ante la adversidad. La fuerza superior que necesitas proviene de Dios solamente. Jesús dijo:

JUAN 6:63
El Espíritu es el que da vida; la carne no aprovecha para nada. Las palabras que yo os he hablado son espíritu y son vida.

Las palabras de superación personal, de motivación egocéntrica, orgullo y vanagloria, no caben en el Evangelio de Jesucristo. Al contrario, Jesús enseñó conceptos contrarios a la razón, que solamente pueden ser abrazados por la fe en Dios. Algunas veces las palabras de Jesús van contrarias al pensamiento moderno, pero son impactantes en los resultados de la salud del espíritu, alma y cuerpo. Si Jesucristo es el centro del cristianismo, y de todo plan divino; ¿porque buscar otros moldes de formación? Amoldarse al modelo de Dios (Jesús), es la finalidad del Evangelio de Dios. Alinéate a Cristo, en toda su forma de vida y de verdad. No aceptes el engaño pues tarde o temprano, serás descubierto como tal, y solamente así veras los resultados de tu decisión sobre el engaño que sea.

COLOSENSES 2:8
Mirad que nadie os lleve cautivos por medio de filosofías y vanas sutilezas, conforme a la tradición de hombres, conforme a los principios elementales del mundo, y no conforme a Cristo.

3

UN ANÁLISIS DEL SINCRETISMO

"A medida que descubras que es en realidad, esta palabra sincretismo, entenderás que no es algo nuevo."

El *"falso señor"* vuelve aparecer en la comunidad cristiana. El Sincretismo es un sistema en que se concilian doctrinas diferentes. En otras palabras, aceptar de todas partes costumbres, tradiciones, culturas y mezclarlas en una sola enseñanza polimentalista (de varios pensamientos). El sincretismo consiste en ser un sistema filosófico que trata de conciliar doctrinas diferentes.

El sincretismo es el proceso por el cual algunos aspectos de una religión son asimilados, o incorporados, a otra religión. Esto lleva a cambios fundamentales en ambas religiones.

En el Antiguo Testamento, Dios anhelaba profundamente en su voluntad perfecta, que su pueblo fuera por completo liberado de las presiones y las tentaciones hacia el sincretismo. Cuando el pueblo de Dios entró en la Tierra Prometida fueron confrontados con religiones paganas. Los dioses cananeos, Baal y Asera, se convirtieron en objetos de la devoción israelita. Más adelante, el pueblo de Dios adoró a los dioses nacionales de Asiria y Babilonia. La ley de Dios le advertía a Israel con claridad que no debían abandonar a Jehová en pos de otros dioses, y que tampoco debía adorar a otros dioses fuera del único y verdadero Dios.

Para que lo entiendas mejor lo comparare con algo que ocurrió en la época del profeta Elías. Los Israelitas bajaban a adorar a Jehová al Templo en Jerusalén, trayéndoles sus ofrendas y por si acaso Dios no les oía, se iban a los lugares altos y debajo de los árboles frondosos veneraban a Baal, un dios pagano que significaba "señor". La reina Jezabel, engaño al rey Acab para que Baal fuera reconocido como dios oficial en Israel. Los israelitas habían perdido la verdadera identidad religiosa. Un día adoraban a Dios y al siguiente levantaban altares a los diferentes nombres de su "señor" falso Baal.

Algo similar pasa hoy en muchas llamadas iglesias locales, un día creen buscar a Dios y cuando la oportunidad se les presenta, comparten con amigos incrédulos para quedar bien con la sociedad.

El sincretismo sutilmente ha estado influyendo la Iglesia actual, diluyendo progresivamente la esencia pura de la Palabra de Dios. Cada día en los púlpitos y plataformas de muchas congregaciones, suben motivadores de la nueva tendencia posmodernista, buscando sacarle a las personas lo mejor de ellas para sus propios beneficios. Hoy en muchos lugares se ha caído en condiciones decadentes donde *"todo es lícito y todo conviene"*. Alterando por completo el principio bíblico como lo menciona el Apóstol Pablo. (1 Corintios 6:12).

Eso es sincretismo. Y eso es lo que hoy está influenciando a muchas congregaciones, en especial a la juventud o aquellos que se han debilitado por no leer y estudiar la Palabra.

Por tal razón se cambia la libertad en Cristo, por libertinaje en pensamientos y en actos que traen a la persona degradación espiritual. Es importante que definas tu posición y te acerques cada vez más a Cristo; la mejor decisión que puedas tomar, es seguirlo a Él.

¿Qué Puede Suceder a los Cristianos Hoy Frente al Reto de Baal?

Elías retó a los profetas de Baal: *"..el Dios que responda con fuego del cielo sobre el altar sin fuego, ése será el verdadero Dios-."* Y así lo hicieron. Los profetas de Baal pusieron la ofrenda y oraron, clamaron, danzaron y hasta se cortaron con cuchillo su piel; para obtener el favor de su "amo" y Baal no respondió. Entonces Elías hizo una sencilla, pero poderosa oración desde el fondo de su alma y con toda la convicción que pudiera existir en él, clamó a Dios y Dios respondió a su siervo, con fuego del cielo.

La verdad de Dios es mucho más resistente que a la mezcla con error. Y sin embargo, hoy en día, incluso entre los creyentes conservadores, hay muchos predicadores, que están trabajando duro para hacer a la iglesia y la Biblia más complaciente a las cosmovisiones contradictorias.

Entre los cristianos evangélicos, la palabra sincretismo generalmente evoca pensamientos de misioneros del tercer mundo que combinan su religión con las prácticas paganas indígenas que se encuentran. Mientras que externamente podrían afirmar la infalibilidad y autoridad de las Escrituras, sus acciones revelan una falta de confianza en la Palabra de Dios. Intimidados por agendas culturales y afanados para encontrar el favor del mundo; estos hombres y mujeres se rinden a la mezcla de verdad con todo tipo de error: *la evolución, el feminismo, la psicología y el ecumenismo*, sólo por nombrar unos pocos. Al sincretizar la verdad y el error, alientan a otros a unirse a ellos en la pendiente resbaladiza de compromiso, exponiéndolos a las doctrinas erróneas y las cosmovisiones corruptas.

Hoy no se puede negar que existe un efecto devastador del sincretismo evangélico, fomentando el escepticismo peligroso.

Profundizando en el Sincretismo Religioso

Por sincretismo religioso se entiende, la presunción de

conciliar doctrinas o religiones diferentes. Por ejemplo, algo que está pasando en la sociedad es unificar las tres grandes religiones como: El Judaísmo, el Islam y el Cristianismo. Hoy no son pocas las personas que piensan que todas las religiones son iguales, que es lo mismo una religión que otra, o que el catolicismo es una más de entre todas las confesiones cristianas.

En el contexto de los nuevos movimientos religiosos del sincretismo es hablar sin duda de la Nueva Era con todos sus concepto e ideologías.

En la seudo espiritualidad de esta doctrina existen movimientos de múltiples religiones y doctrinas, basándose en la creencia de que todas las religiones son básicamente una con distintas ropas. Esto y su popularidad hace que la Nueva Era sea el máximo exponente del sincretismo. Éste afecta al cristianismo e intenta romper y menoscabar sus fundamentos en general; se aplica a aquellas que toman elementos prestados de distintas religiones o credos para hacerlos propios.

La Fe de Cada Uno Será Probada

- ¿Por qué tantos teólogos son intimidados por las reglas cambiantes de cosmología del Big Bang y la *"ciencia de la evolución"*, cuando Dios les ha dado una explicación clara e invariable de la creación?

- ¿Y cómo es que muchos eruditos bíblicos abandonan las perspectivas bíblicas de compromiso y responsabilidad con el fin de mezclarse con los "falsos señores del sistema moderno" Baal y la confusión ?

Mientras que el sincretismo raramente comienza en el aula, con demasiada frecuencia hay estudiosos dispuestos a redefinir el texto bíblico y encontrar formas complicadas de acomodar la cultura. Si las normas bíblicas se vuelven subjetivas, entonces no tiene sentido la infalibilidad de la Palabra o sea las Sagradas Escrituras.

¿Cuál es el punto de Dios que habla sin error si se permite que cada intérprete ajuste la revelación divina a sus propias preferencias personales? Claramente, ¿la iglesia sigue cayendo en el escepticismo engañoso de Satanás acerca de lo que Dios realmente dijo? *(Génesis 3:1)*.

La iglesia no puede permitir que los vientos contrarios con intenciones malsanas de la cultura dobleguen la espada del Espíritu, los ideales culturales no tienen nada que aportar a la visión de la Palabra de Dios.

Los profetas anunciaron los juicios venideros que caerían si la gente se apartaba de su fe para acomodarla a las doctrinas y prácticas extranjeras.

El período del Nuevo Testamento fue típico de un extenso sincretismo. Con la expansión del Imperio Griego, sus dioses se mezclaron con los dioses nativos de las naciones conquistadas. El Imperio Romano también abrigó en su seno a todo tipo de culto y religiones de misterios. El cristianismo no pudo escapar a esto. Los padres de la iglesia no solo propagaron el evangelio, sino que lucharon por proteger su integridad.

Las Ideologías que quisieron menoscabar la Iglesia en su primer siglo.

- **El maniqueísmo** (una filosofía dualística que identificaba lo físico con el mal) se introdujo en algunas doctrinas.
- **El docetismo** (una enseñanza que negaba que Jesús hubiese tenido un cuerpo físico) ya constituía un problema mientras el Nuevo Testamento estaba en proceso de composición.
- Muchas formas de **neoplatonismo** hacían un esfuerzo consciente por combinar elementos de la religión cristiana con la filosofía platónica y con el dualismo oriental. La historia de los cristianos es la historia del pueblo de Dios buscando separarse de las artimañas de las religiones y filosofías foráneas.
- **El sincretismo** continúa siendo una herramienta poderosa para separar a Dios de su pueblo. Cada

generación de cristianos tiene que enfrentarse con la tentación seductiva del sincretismo.

Este problema todavía existe hoy en día en la iglesia. Las filosofías no cristianas como **el marxismo, o el existencialismo** buscan el poder del cristianismo mientras dejan de lado lo que es singularmente cristiano.

Si el deseo es estar al día o ser contemporáneo en las prácticas y creencias, millones de cristianos pueden caer en la tentación de ser conformados por los modelos de este mundo. Aceptando las prácticas y las ideas paganas e intentándolas aceptarlas cada día más. Cualquier elemento extraño que se filtre en la fe y la práctica cristiana constituye un mecanismo que debilita la pureza de la fe misma.

El sincretismo es la incorporación o la combinación de religiones o filosofías extrañas. Uno de los problemas constantes de la religión israelita en el Antiguo Testamento fue la intromisión de las religiones paganas. La iglesia del Nuevo Testamento luchó contra la influencia de la religión y la cultura griega y romana.

El cristianismo moderno está amenazado por los intentos de combinar el pensamiento cristiano con la religión pagana, la filosofía secular y la adaptación a las diferentes tendencias culturales.

La Iglesia de Cristo ha luchado siempre con el sincretismo religioso. Hoy más que nunca se deben identificar cuáles son aquellas "doctrinas de hombres" que menosprecian la eficaz obra de Cristo.

La Realidad de la Iglesia Posmoderna

El pensamiento postmoderno se caracteriza por su apertura a todo tipo de creencia e idea sin el filtro de la Palabra; por lo tanto no tolera ningún valor o verdad que quiera definirse como absoluto. Propugna el concepto de una verdad relativa, ya que niega la existencia de una verdad única e inmutable. La iglesia, al estar conformada por personas que conviven en el ambiente postmoderno, no es inmune a la influencia que tiene este pensamiento sobre la manera en que cada individuo ve todo lo que le rodea.

De esta manera, las grandes verdades del cristianismo hoy son puestas en duda y muchas veces cambiadas por intereses individualistas y hedonistas, rebajando así el mensaje bíblico a un espectáculo dirigido a personas que buscan satisfacer sus propias necesidades.

Entonces podemos encontrar personas con un pensamiento relativo en cuanto a moral, política, arte, religión, construcciones sociales, y más. En el pensamiento posmoderno la verdad objetiva es inalcanzable por lo tanto la verdad es relativa, todo depende.

Esto crea una fe débil y vulnerable dentro de la Iglesia. Todo es relativo, no hay una verdad absoluta. Este es el mejor caldo de cultivo para que todas las filosofías y prácticas del mundo que van en contra de la Escritura, encuentren su espacio en la fe evangélica.

El posmodernismo es la puerta abierta para un sincretismo religioso que busca sólo el bienestar de las personas; una fe cómoda, sin remordimientos de conciencia y sin sacrificios. Nada ha estado más alejado de la cruz que esto.

¿Cómo Luchar Contra el Sincretismo Religioso?

Primeramente, debes establecer como principio que lo que se encuentra en toda la Biblia es la verdad. La palabra de Dios que se contiene las Escrituras del Antiguo y del Nuevo Testamento, es la única regla que ha dado Dios para enseñarte cómo debes de glorificarle y gozar de Él. Lo que principalmente enseñan las Escrituras es lo que el hombre ha de creer respecto a Dios.

Segundo, debes estar preparado para dar defensa de tu fe y crecer en el conocimiento y la gracia de tu Señor Jesucristo para no dejarte arrastrar por los errores de este mundo y así estar firmes contra las asechanzas del engañador de este siglo.

¿Cuáles Son los Peligros a los que Está Expuesta la Iglesia?

La Iglesia de Cristo está expuesta a muchos peligros en este tiempo, mencionaré algunos de ellos:

1.- La teoría de la evolución y su conflicto con Génesis y su influencia filosófica.
2.- El Feminismo y su influencia.
3.- La Psicología con sus paradigmas humanistas centrados en el "yo" y en el narcisismo.
4.- El Ecumenismo y su intento por una religión común.
5.- El Hedonismo y su filosofía centrada en el placer.
6.- Las prácticas no bíblicas que hoy se observan en los cultos evangélicos.

Por lo tanto, creer que se tiene el derecho de añadir nuevas modalidades a la forma escritural en que la Iglesia está diseñada claramente en las cartas de Pablo, va en contra a lo que dijo Jesús en el evangelio de San Juan.

JUAN. 10-1
El que no entra por la puerta en el redil de las ovejas, sino que se mete por otro lado, es un salteador y ladrón.

4

LAS CONSECUENCIAS NOCIVAS DEL PRAGMATISMO

¿Qué es el Pragmatismo?

El pragmatismo es una idea de filosofía cuyo principio es considerar solo aquello que da resultados, sacrificando si es necesario el valor absoluto de la verdad, ya que lo único que importa son los objetivos y no los medios para alcanzarlos. Según el pragmatismo, el fin justifica los medios. Este tiene sus raíces en **El Darwinismo** y **El humanismo** secular. Este tipo de pensamiento es inherentemente relativista, rechazando la noción del bien y el mal, lo correcto y lo incorrecto, la verdad y el error.

El pragmatismo en última instancia define la verdad como lo que es útil, significativo, práctico. Ideas que no parecen viables o pertinentes son rechazadas como falsas.

Pero cuando el pragmatismo se utiliza para hacer juicios sobre lo correcto e incorrecto, o cuando se convierte en una filosofía que orienta la vida y el ministerio, inevitablemente chocará con las Sagradas Escrituras.

La verdad espiritual y bíblica no se determina mediante pruebas de lo que sí "funciona" y lo que no. Es importante entender por las Escrituras, por ejemplo, que el evangelio a menudo no produce una respuesta positiva según la mentalidad del humanismo. (1 Corintios 1:22-23; 2:14). Por otra parte, el engaño y la mentira Satánica puede ser muy eficaz. (Mateo 24:23-24; 2 Corintios 4:3-4).

La reacción de la mayoría no es una prueba de validez (Mateo 7:13-14), y la prosperidad no es una medida de la verdad (Job 12:6).

El pragmatismo como filosofía orientadora del ministerio es inherentemente defectuoso, y como prueba de la verdad es poco menos que satánico. Sin embargo, el aumento abrumador del pragmatismo, está afectando la sencillez de presentar a Cristo de las buenas noticias de Salvación. La metodología tradicional en particular está siendo desechada o minimizada en favor de otros medios novedosos, que no exaltan el sacrificio de Cristo.

De acuerdo con todas estas estrategias sutiles, son muchos los que afirman, que los nuevos métodos supuestamente son más "efectivos", porque atraen a un mayor público.

Actualmente el principal criterio para medir el éxito de una iglesia se ha convertido en las cifras de asistencia y cualquier cosa que atraiga más cantidad de gente es aceptada sin más análisis que bueno. Eso es el pragmatismo.

Algunos líderes de la iglesia evidentemente piensan que las cuatro prioridades de la Iglesia primitiva como: La Doctrina de los apóstoles; la comunión; el partimiento del pan y la oración (Hechos 2:42); hacen un programa poco convincente para la iglesia en esta época súper moderna. Algunas iglesias, están permitiendo que la recreación sea parte fundamental para estos nuevos creyentes, y en su afán de retenerlos, establecen y desarrollan discotecas con conciertos de música electrónica, creando un enfoque desmedido del entretenimiento como perspectiva secular y mundanizada, eclipsando la importancia de los fundamentos esenciales y bíblicos. De hecho, todo parece estar de moda en la iglesia de hoy, excepto la predicación de la verdadera Palabra de Dios que confronta el pecado del hombre.

El nuevo pragmatismo ve la predicación en particular, la predicación expositiva como cosa del pasado. Es evidente que declarar la verdad de la Palabra de Dios es considerado como ofensivo y totalmente ineficaz.

Hoy más que nunca, se está diciendo que se pueden obtener mejores resultados, primeramente, divirtiendo a las personas o dándoles temas sacados de la psicología de Freud. Creyendo que:

"Una vez que se sientan cómodos, estarán listos para recibir la verdad bíblica en pequeñas dosis diluidas".

Otros Pastores recurren a estudiar sobre los métodos de comercialización en la búsqueda de nuevas técnicas, para ayudar a sus iglesias a crecer. Algunos seminarios han cambiado su énfasis de formación pastoral del plan de estudios y teología bíblica, por técnicas modernas. Todas estas directrices reflejan el creciente compromiso de miles de creyentes al pragmatismo.

Ésta idea que nace en mentes racionales y anticristianas, se adoptan con fuertes raíces en muchos formadores de líderes, quienes en pos del crecimiento rápido en el número de adeptos, han abandonado los principios de la Santas Escrituras, reemplazándolos por metodologías humanistas para lograr llegar a sus objetivos. Este deseo desesperante por hacer de la llamada "iglesia", una idea mercantil que debe crecer exponencialmente, ha llegado para quedarse y aún, penetrar en corporaciones e iglesias que eran muy bíblicas en sus inicios, pero que al pasar del tiempo (desde la adopción de estas filosofías humanistas), han sucumbido al engaño.

El movimiento de crecimiento de la iglesia, es en parte de la base de concebirla como una institución cuyo centro es el hombre y no Cristo.

La esencia de esta enseñanza se descubre en el objetivo de desmoronar la formación, estructura y doctrina conservadora de las iglesias cristianas evangélicas tradicionales, para instaurar lo que ahora llaman, **un nuevo paradigma que sea atrayente al**

mundo, cuyo apelativo acuñado es, *"los sin iglesia"*, ya que hablar de inconversos o impíos sería muy dañino para la autoestima de la gente. En otras palabras, se deben abandonar conceptos como doctrinas, estructuras básicas del fundamento de la Iglesia.

Según estas enseñanzas, se debe abolir de los sermones, palabras como cruz, sacrificio, *infierno, pecado, arrepentimiento, santidad, justificación y más;* e inclusive el solo título de iglesia, porque "puede atentar contra la autoestima de las personas". Por esa razón, se puede observar que también el término pastor, por ejemplo, ya ha sido reemplazado por el de *"Coach motivacional"* o entrenador motivacional.

Evidentemente bajo premisas como éstas, es muy probable que las membresías crezcan exponencialmente ya que la *técnica de marketing o mercadotecnia* últimamente ha dado aparentes resultados. Defendiendo el pragmatismo demencial, con aquella antigua idea, de que el fin justifica los medios.

Es interesante que, de acuerdo a esta realidad, puedas hacerte las siguiente preguntas:

- ¿Es solamente el valor cuantitativo lo que importa en una congregación?
- ¿Son los métodos humanos los que van a convencer al pecador para que acepte la salvación de Cristo?

- ¿Hay que agradar al mundo y transformar atractivamente a la iglesia, llamándola relevante para que la gente venga a las reuniones y llenen los inmensos templos?

Éstas y otras preguntas son las que debes analizar a la luz de la Palabra de Dios y cotejarla con los actuales tiempos de apostasía cuyos vientos de maldad están soplando y seduciendo, a millones de llamados cristianos.

Es realmente preocupante oír a los que hablan del crecimiento de la iglesia, cuando enseñan que no hay que hablar de doctrina, lo que se asemeja mucho a la premisa de los grandes ecuménicos de todos los tiempos, que insistían en decir; lo que importa es el amor que nos une, ya que la doctrina nos divide. Ante tan sutil enseñanza, no se puede sino elevar la sola Palabra de Dios respecto a este punto. A diferencia de lo que enseñan los falsos maestros del movimiento de la "Iglesia Relevante", Dios en su infalible Palabra, nos advierte que la doctrina, sí es importante y no es un asunto secundario del cual se puede prescindir con el solo pretexto de unir los diversos credos.

La palabra *doctrina* significa: Enseñanza; y la Biblia presenta una sola, no pueden existir dos, de lo contrario se tendría que decir que este Santo libro, no es Palabra de Dios.

La Verdad es Absoluta y No Relativa

Es muy importante que entiendas que la Biblia es la infalible Palabra de Dios y que en ella no puede haber contradicciones; tienes que creer en su autoridad absoluta y en la exclusividad de su única enseñanza o doctrina. Por lo tanto, la doctrina si es importante y fundamental, y todo aquel que no se ciñe a ella, debe obedecerla. Juan también agrega que no se debe dar la bienvenida ni llamar hermano, a quien no porte la sana y única doctrina presentada en las Sagradas Escrituras. Lo que está ocurriendo es una evidente advertencia del Señor Jesús respecto a distinguir lo verdadero de lo falso. Actualmente hay muchos árboles malos que están dando muchos frutos malos y cuyo destino es la condenación.

MATEO 7:16-20

...todo buen árbol da buenos frutos, pero el árbol malo da frutos malos. No puede el buen árbol dar malos frutos, ni el árbol malo dar frutos buenos. Todo árbol que no da buen fruto, es cortado y echado en el fuego. Así que, por sus frutos los conoceréis.

En esta enseñanza del Señor Jesús se puede entender que solo hay dos posiciones en las que los hombres pueden estar. O son árboles buenos con frutos buenos o árboles malos con frutos malos.

¿En Qué Posición Estás Tú?

Nadie, por más que quiera, podrá ubicarse en una situación neutral. Lo que llama la atención de esta enseñanza, es que el árbol malo, no dice que no da frutos, sino que da frutos malos. En otras palabras, por muy fructífero que sea un *árbol malo*, todos sus abundantes frutos junto al árbol, tarde o temprano, deberán ser cortados.

Esta simple enseñanza, te entrega la solemne advertencia, de conocer y distinguir la verdad de la mentira, a través de los frutos malos que una persona puede dar considerándose "cristiano".

Entendiendo claramente, la diferencia de las acciones más que de los conceptos religiosos que cada uno puede tener de sí mismo. No hay más opciones. Jesucristo se refirió a estas dos opciones basadas también en la imagen de dos caminos; nunca hablo de tres opciones o cuatro, solo de dos. Es cada cual quien decide entrar por la puerta estrecha que lleva al camino de la vida, o entrar por la puerta ancha que lleva a la perdición. La palabra perdición en griego es */apoleia/* que significa: destrucción; perecer; ruina eterna o miseria en el infierno. Por tal razón, ¿qué garantía es realmente valida como para exhibir una colosal membresía si sus frutos son malos? Lamentablemente, hoy todo se mide por la cantidad y no por la calidad.

El pragmatismo ha llevado a proponer métodos de crecimiento exponencial de la iglesia a cualquier precio.

¿Hay que agradar a la gente para que ésta no se sienta ofendida y decida quedarse para aceptar la oferta de Dios, quien, según ellos, ruega a sus criaturas a que lo hagan? ¿Todo esto se hace bajo la consigna de hacer atractiva la iglesia para que la gente visitante se decida a quedarse? Pablo hace una pregunta a los Gálatas para que la gente reaccione a la verdad.

GÁLATAS 1:10
¿busco ahora el favor de los hombres, o el de Dios? ¿O trato de agradar a los hombres? Pues si todavía agradara a los hombres, no sería siervo de Cristo.

Pareciera que son muchos los que nunca fueron convertidos, sino solo convencidos bajo una metodología que no aparece en la Biblia.

Es verdaderamente preocupante que el poder de la Palabra ha sido reemplazado por esquemas pragmáticos y espectáculos seculares.

El pensar en hacer atractivo el evangelio para el mundo, aplicando métodos y aditivos humanos; es un profundo error, ya que, en lugar de lograr un mundo evangelizado, se terminará, mundanizando a muchos en las iglesias locales, y eso es justamente lo que está ocurriendo en la actualidad. Las grandes muchedumbres de personas que conforman la cristiandad actual solo desean escuchar y ver lo que es agradable a los sentidos, y eso es parte de lo que propone este mover de crecimiento de la iglesia.

La bendición de Dios no se mide en relación a cuanto crece una iglesia, sino a cuanto persevera en los principios fundamentales legados por nuestro Señor Jesucristo.

La Biblia dice que en la iglesia primitiva *perseveraban en la doctrina.* (Hechos 2:42) y es eso lo que debe de animar a las Iglesias locales. Los cristianos del primer siglo se reunían a estudiar las escrituras, a orar, a partir el pan y mantener la comunión unos con otros, con alegría y sencillez de corazón, virtud que por cierto se ha diluido en la actualidad por la llamada mercadotecnia religiosa.

Es hora de que puedas abrir tus ojos y de salir de en medio de estas falsas enseñanzas, para volver a los principios de los sólidos fundamentos de la Sagradas Escrituras, para mantenerte firme y seguro en tu vida espiritual.

5

EL POSMODERNISMO Y LA TOLERANCIA

El término "posmodernidad" se ha vuelto casi un equivalente al "nuevo paradigma", el cual se conoce como el nuevo pensamiento donde ya no son necesarios los valores definidos. No se demarca ninguna diferencia entre el bien y el mal; y lo que es malo para alguien, puede ser bueno para otro; es decir, cada individuo crea sus propios valores.

Cualquier opinión ya no se establece con base a las evidencias de los hechos y de un pensamiento racional, sino solo a través de la intuición, las emociones y los sentimientos.

El postmodernismo rechaza abiertamente todos los valores y *verdades absolutas.* Por tanto esta en abierta oposición, a los fundamentos básicos del cristianismo, los cuales están fundamentados en la verdad incondicional que Dios ha revelado en la Biblia.

Muchos llamados cristianos en nuestros días creen que es bueno adaptarse al postmodernismo.

Hace algunos años, el conocido conferencista Josh McDowell realizó una encuesta entre jóvenes cristianos dentro de los Estados Unidos, encontrando que el 57% de ellos no creían que existiera una norma objetiva de la verdad. Mientras que un 85% estaba de acuerdo con las siguientes declaraciones: *"Lo que es correcto para una determinada persona en una situación dada, no necesariamente tiene que ser correcto para otra persona"* o *"El bien y el mal es relativo, lo que es malo para ti puede ser bueno para otros"*.

El postmodernismo es la resistencia contra el modernismo y el racionalismo. Es la idea de que el hombre puede descubrir toda la verdad por medio de su razonamiento.

Es importante esclarecer aquí, que el modernismo y racionalismo también están en conflicto contra el fundamento del verdadero cristianismo.

I. ¿Qué Se Entiende por Tolerancia?

Hablar de tolerancia en estos momentos, es completamente diferente a cuando se hacía en tiempos anteriores. Se decía: *"aunque no estoy de acuerdo con tu opinión y creo que estás equivocado, te respeto como persona"*. Ahora no es así; en estos momentos no se puede decir que la opinión de la otra persona esta errada. Lo mismo sucede con la terminología cristiana. Se dice que un cristiano plenamente afirmado en su fe, no puede asegurar que Cristo es el único camino al Padre, porque según *"la corriente del nuevo pensamiento social"* esto es intolerante.

Esta es la causa por la cual no se "tendrían" que dar opiniones abiertamente. Por ejemplo, no se puede decir, que los valores de la sociedad en los días actuales, van en contra de lo establecido por Dios. La opinión de Dios, ya no importa porque ya no está "de moda" dentro de la sociedad actual. Más bien se tolera y se acepta todo como normal, sin importar que esté a favor o en contra de la ética moral o de los principios divinos.

La doctrina del arrepentimiento causa conflicto y división. Definitivamente esta nueva idea de "tolerancia" que se quiere establecer, es sin duda alguna, una **intolerancia total** contra el cristianismo. En muchas naciones del mundo, está terminantemente prohibido usar la Biblia en lugares públicos y escuelas. Mientras que por otra parte no existe ninguna prohibición en permitir clases con libros que enseñan y promueven brujería y magia blanca, como parte de la educación. En muchos países estos temas, se consideran parte de su cultura o folklore. A la misma vez, también se les exige a los alumnos el leer libros de textos inspirados en el ateísmo; literatura bajo la influencia de la Nueva Era, y en muchas escuelas se han incluido hasta clases de yoga y meditación como terapia de relajamiento para el estudio.

¿No es acaso todo esto una gran red de iniquidad que se extiende a la niñez y juventud por todo el mundo?

Existen ejemplos prácticos que ocurren en el diario vivir:

- Un alumno de cuarto grado fue ridiculizado, disciplinado, y expulsado una semana, porque oraba antes de las comidas en la cafetería escolar.
- A dos alumnas de secundaria se les dijo que sus Biblias eran "basura". El profesor tiró las Biblias al basurero y llevó a las alumnas a la oficina del director.
- Tres alumnos de la misma escuela habían puesto los Diez Mandamientos en el forro de sus libros escolares. Oficiales de la escuela tiraron los libros a la basura, diciendo que los Diez Mandamientos eran "lenguaje de odio".
- Un juez dijo que cualquier estudiante que usara la palabra "Jesús" durante la ceremonia de graduación, sería detenido y llevado a la cárcel.
- Un predicador enfrentó un juicio, con la sentencia probable de 18 meses de cárcel, por haber predicado el evangelio, en la vereda de una calle pública al lado del colegio.

¿Esto es tolerancia?, ¿o más bien una manera de detener el avance del evangelio de Jesucristo?

Es importante que entendamos que aunque la tolerancia se propaga en este mundo de una forma desafiante; los verdaderos hijos de Dios, oirán la voz del Padre celestial y no se confundirán de su llamado Divino.

La injusticia moral y las creencias espiritualistas, hacen que el hombre endurezca su corazón negando la enseñanza inspirada por Dios en la Biblia. En esta hora profética, Jesucristo prometió derramar de su Espíritu Santo como nunca antes para que la Iglesia se levante con poder y autoridad, dando la respuesta correcta a esta sociedad.

II. La Evangelización es el Medio Para Contrarrestar la Apostasía

El propósito de Satanás y sus huestes de maldad, es detener el trabajo evangelístico y misionero, juntamente con todo lo que tenga que ver con el esfuerzo de enseñar con autoridad la auténtica Palabra de Dios. El enemigo utiliza todas las armas que tenga a su favor, para impedir que el hombre tenga un verdadero encuentro personal con Jesucristo; que sea libre de sus ataduras físicas y emocionales y que alcance a todas las naciones con el mensaje de la salvación. La comisión de enseñar que Jesucristo es el único camino y mediador entre Dios y los hombres, está siendo cuestionada, rechazada, e incluso despreciada. Por tal razón es importante tener convicciones sólidas y seguras acerca de todo lo que

Dios nos enseña por medio de su Palabra; para que ninguna de estas corrientes impetuosas de engaño, jamás detenga tu fe del propósito para el cual has sido llamado.

A pesar de tanto obstáculo, el crecimiento de la Iglesia en los últimos años es verdaderamente impactante; estamos siendo testigos de cómo el evangelio de Jesucristo es predicado en el mundo entero.

El libro más amado y leído en la Ex Unión Soviética es la Biblia en estos momentos; también sucede lo mismo en la China, y en muchos lugares del mundo. Los grandes esfuerzos evangelísticos; las miles de obras misioneras y el trabajo a través de los medios de comunicación radial y televisivo, son los instrumentos que actualmente la Iglesia está usando para cumplir la gran comisión.

No es hora de detenerse, sino de avanzar, realizando el mayor esfuerzo posible, antes que sea demasiado tarde y la puerta de salvación se cierre.

Es necesario entender, hoy más que nunca, que necesitas estar cubierto e investido con el poder de Jesucristo y la unción fresca y renovadora del Espíritu Santo; para resistir así, las legiones de espíritus engañadores que tratan de desafiar la enseñanza verdadera de la Palabra de Dios.

Recuerda que en este plan sagaz confabulado por las tinieblas, los demonios tienen permiso de oprimir legalmente a los hijos de Dios, siempre y cuando se abran puertas a la desobediencia. Por esta causa muchos están perdiendo el verdadero objetivo, que es caminar en integridad y buen testimonio.

6

LA INFLUENCIA DE LA METAFÍSICA EN LAS IGLESIAS

Antes que empieces a leer este capítulo quiero aclararte que el propósito de escribirlo no fue con el fin de mostrar un fanatismo malsano, ni porque sea un Pastor que ve doctrinas heréticas en todas partes; más bien mi preocupación se basó al ver a tantos creyentes siendo sutilmente engañados y alejados del verdadero evangelio y de aquel que un día los llamo para ser salvos. La responsabilidad de cada Pastor es la de guiar las almas a Cristo, no de entretenerlas ni llevarlas por un camino contrario a Él. Lamentablemente, muchos de los que se apartaron por tantos engaños nunca volverán al verdadero Camino.

Bajo ningún concepto intentaré interpretar la Palabra de Dios, sino que permitiré que la única y verdadera revelación (que se logra por el Espíritu de Dios), sea la que establezca los parámetros bíblicos para descartar todo lo que no esté de acuerdo con la luz de la Palabra.

Lo que estoy a punto de compartir está sucediendo desde hace varios años dentro del ámbito cristiano. Esto se puede ver y escuchar en las predicaciones de muchos ministerios reconocidos a nivel internacional, quienes enseñan principios de metafísica envueltos en una influencia mística. Otros se mueven bajo el principio: *"la iglesia se debe de modernizar para ser aceptada por la sociedad en que vivimos"*. Esto lo logran adulterando y alterando los principios bíblicos de la genuina Palabra de Dios, la Biblia.

Es preocupante oír las mentiras y falsedades de lo que muchos están enseñando como principios bíblicos.

Hoy en día un sin número de personas son engañadas y manipuladas en su fe porque no logran discernir cual es la fuente de donde provienen los mensajes que escuchan. El motivo de tanto desvío, es porque cada vez se lee menos la Biblia y al no escudriñarla, se cree fácilmente cualquier mentira que se escucha.

Permíteme abrirte los ojos para que entiendas la mezcla sutil que se mueve en estas distintas doctrinas que han invadido poco a poco muchas congregaciones.

En primer lugar, daré un resumen acerca de lo que es la metafísica y como sus enseñanzas han logrado influir en tantos ministerios e Iglesias locales. Al mismo tiempo, es importante hacer la comparación con lo que están enseñando algunos ministerios, con la verdadera doctrina que está plasmada en las Sagradas Escrituras.

I. Qué es la Metafísica y Sus Pincipios

La metafísica es una filosofía de carácter esotérico que tiene alrededor de 300 años de existencia. Ha influenciado tanto a curiosos, como a buscadores de experiencias místicas para promocionar su "propio yo" bajo los siguientes principios:

- El hombre en sí mismo es un dios, con la misma capacidad creadora de Dios.
- El hombre escalará o descenderá posiciones en el mundo espiritual, de acuerdo con su comportamiento aquí en la tierra. La metafísica cree por ejemplo que si tú en esta vida has sido malo, recibirás el castigo en la próxima reencarnación y serás un animal horrible, como una serpiente, un sapo, un lagarto u otro semejante.
- La metafísica cree que existen fórmulas para cambiar la realidad. Ellos enfatizan que cada uno tienen que utilizar la capacidad creadora que hay dentro de cada ser humano para lograr cambios en su entorno. Observa como muchos de estos principios, están arraigados en algunas Iglesias cristianas hoy en día:

Mentalismo

El mentalismo es el principio metafísico según el cual el ser humano con solo pensar algo, desearlo o soñar con él, puede materializarlo, creyendo que eso ¡se tiene que hacer realidad!. Esta forma de esforzarse a lograr las cosas con la fuerza de la mente o de la decisión personal, tiene que ver con el pensamiento positivo.

El Poder de la Declaración

Este es el principio metafísico según el cual las palabras tienen poder creativo. Con solo decir y repetir una cosa varias veces, ésta tendrá que suceder. Algo así como realizar un capricho humano cueste lo que cueste.

"Los Propulsores del Decreto" beben de las aguas de la confesión positiva iniciada por E.W. Keaton, un metafísico infiltrado en la iglesia evangélica proveniente de la "Ciencia Cristiana" y de la Escuela del Pensamiento Positivo. Son muchos los predicadores que ya no instruyen a orar como Jesús enseñó el Padre Nuestro. Muchos nuevos cristianos ignoran lo que es la oración de fe basada en las promesas de Dios como fuente de poder. Sino más bien, los nuevos creyentes escuchan a sus líderes decretar, mandar a Dios y exigir, basados en sus deseos humanos, y en la codicia de su corazón.

Por años se ha estado implantando un falso concepto de la oración, centrado en el hombre y no en Dios.

Dios responde la oración, según su buena y agradable voluntad. La mezcla del cristianismo con la mentalidad metafísica logra cambiar el ser guiado por el Espíritu Santo, con el "decretar del yo personal". Éstas prácticas que tienen su origen en el paganismo (budismo, hinduismo) y la metafísica de la Nueva Era, han entrado disfrazadas a la Iglesia como cristianas. Lamentablemente en muchos lugares se ha sustituido al Dios verdadero por un dios falso, en donde algunos creen incluso tener el mismo derecho de decisión que el creador, poniendo a Dios en segundo lugar y en ridículo su voluntad divina. A éste se le añade el poder de la afirmación. ¿En qué consiste? Es el principio metafísico según el cual por el solo hecho de repetir una frase, vez tras vez, lograra entrar en la mente de la persona, y ella misma creerá que ya está hecho. Lo que sucede hoy en día, es el mismo Gnosticismo que el Apóstol Pablo tuvo que lidiar y confrontar, en los inicios de la Iglesia. Ellos creían que el hombre era un semidiós y por ende tenía la misma capacidad creadora de Dios.

Ley de la Causa y Efecto

Todo lo que se hace tendrá un efecto que tarde o temprano se manifestará en las vidas. Los tres principios metafísicos antes descritos, tienen un mensaje básico: *"El hombre está en capacidad de cambiar su realidad por lo que piensa y por lo que dice"*.

II. ¿Cómo Llegaron Estas Enseñanzas a Influir y Penetrar en la Iglesia Cristiana?

Es evidente que algunas de las causas que impulsaron el auge de la *metafísica* escondida en las Iglesias (y que ingenuamente miles de creyentes no se han dado cuenta), *es el afán del liderazgo por querer estar constantemente innovando*.

Esto se crea con el fin de atraer y mantener la gente siempre en expectativa.

Los Pastores en su afán de mantener alto el fervor emocional en sus congregaciones (generalmente en Estados Unidos de América), están continuamente realizando proyectos para atraer a los feligreses; aunque muchas veces estas tendencias sean contrarias a lo que el Espíritu de Dios quiere traer a su iglesia. Lamentablemente hoy en día, el espíritu de Babilonia sigue activo y es por esto que vemos tantas mezclas, confusión y tendencias gnósticas, que afectan el comportamiento de la Iglesia en la tierra. El afán por innovar y tener un rápido crecimiento ha contagiado a muchos líderes hacer cosas mundanas, contaminando así a gran parte de creyentes. En Latinoamérica, un sin número de líderes han adaptado todo tipo de enseñanzas falsas, con tendencias metafísicas y sin saberlo han provocado una confusión de grandes proporciones cayendo así mismo en el error. Estas novedades doctrinales, han dado paso a tendencias emergentes y posmodernistas.

Muchos lo están haciendo con el afán y la ambición; solo por ganar gente para su propio interés.

Hoy más que nunca, existe una demarcada competencia entre los diferentes ministerios. Aunque en su gran mayoría casi todos usan un mismo lenguaje (el que esté de moda), cada cual busca la forma de sobresalir y traer algo nuevo que llame la atención de las personas. Muchas veces incluso hasta se atreven a decir: *"esta es una nueva revelación que me ha dado Dios"*; sin embargo usan métodos de la nueva era con capacidad de convocatoria y encantamiento, extraviando a muchos del verdadero camino.

Otros recurren a diversas estrategias sicológicas, cargadas de control mental, palabras vacías de humana sabiduría.

De ahí que muchos no se conforman con el honor y el privilegio de ser llamados Pastores sino que ellos mismos se levantan como Apóstoles, sin tener una señal y transcendencia de años de ministerio en la que se haya demostrado, frutos, integridad, dones y capacidades ministeriales operados por medio del poder del Espíritu Santo y no en la habilidad natural y humana. En la desesperación de sobresalir se echa mano de lo que sea para sacar un nuevo mensaje.

Eso fue lo que ocurrió con la metafísica y el peligro sigue latente en estos días confundiendo y dañando a miles. La intención no consiste en tener una Iglesia llena de creyentes fieles, sino en aumentar rápidamente el número de miembros de la congregación. Nuevas revelaciones están a la orden del día como si fuera una producción en masas.

Hay un deseo desmedido por tener control sobre la gente para que éstas, apoyen sus planes y sus propias agendas.

Esto ocurre con el fin de controlar las personas para que estas aporten finanzas y recursos para sus ministerios, enseñándoles lo que quieran oír y manipulándoles para que les den todo lo que piden. Se predica lo que la gente quiere oír, y no lo que Dios está hablando; es un mensaje que promueve el egoísmo y los aleja del principio divino de amar a Dios por encima de todo y aprender a vivir dependiendo y confiando solo en Él.

Todo esto que ves a diario, indudablemente es lo que enseña la metafísica:

- La metafísica tiene un mensaje basado en el hombre, y no en el Dios Verdadero.
- Ellos creen que el hombre todo lo puede controlar con la mente, y la realidad cambia si las palabras y la visualización se unen para lograr lo que se anhela. Bajo este supuesto, Dios no es necesario según la metafísica. En otras palabras, el hombre es un dios.

¿Te has puesto a pensar por un momento las miles de personas que han aceptado semejante mensaje? Ellos piensan... ¿si Dios no es necesario, porqué le tengo que obedecer?, ¿para qué me tengo que comprometer con Él?... puedes ver el sutil y engañoso mensaje detrás de todo esto?

¡Nunca jamás el hombre creado podrá ser igual a Dios!

Es cierto que el hombre fue hecho a imagen y semejanza de Dios, pero en sus virtudes morales; jamás esto se puede aplicar a la condición de Dios mismo. Muchos son los que afirman, que, si tú eres prosperado, no tienes que darle al hermano necesitado ni al pobre porque este también está en la capacidad de ser prosperado y si no lo es esta en pecado o porque no le da dinero a ciertos ministerios. ¿Puedes tu concebir y creer que esto es cierto? ¿Estará Dios de acuerdo con semejante barbaridad? Te invito a que leas la parábola de los talentos y el juicio a las naciones en Mateo 25.

Por último, el que no esté de acuerdo con estos hombres de nuevas revelaciones, no van a prosperar, serán malditos y se quedaran estancados. Eso dicen ellos.

III. Lo Que Están Enseñando Hoy en Algunos Púlpitos

Analicemos cuatro palabras muy usadas en los pulpitos y libros cristianos que tienen que ver con la metafísica:

1. **Visualización:** Es una técnica en la cual la persona desea algo en su mente y ella cree que eso que anhela se hará realidad solo por colocar su fe en ello. Analicemos un poco este tema:

¿Esa persona en qué ha puesto su fe? ¿Qué es lo que está anhelando?

¿ Desea un sueño personal o alcanzar la imaginación de su mente?

La visualización es una técnica usada en la metafísica que también usan los que practican la Nueva Era.

La visualización de la Nueva era es una falsa fe, basada en el hombre y no en Dios. es la contraposición de los fines de Dios para un escogido. El Espíritu de Dios te puede poner en el corazón la voluntad de Dios para hacer lo que Dios ha propuesto darse a sí mismo la gloria a través de ti. Sin embargo la visualización es lo contrario incitado por espíritus de error, para engañar a los que no perciben la verdadera voz de Dios.

La palabra visualización no aparece en la Biblia. Muchos cristianos que han caído en error, realizan estas técnicas de visualización, utilizando textos bíblicos fuera de contexto, con interpretaciones totalmente alteradas para apoyarse en ellas. Sin embargo, esto constituye una gran falsedad y una violación a la integridad de las Escrituras y por ende una total falta de reverencia y temor hacia Dios. Hebreos 11:1, Isaías 26:3 y otros textos han sido utilizados fuera de toda consideración hermenéutica. Mejor dicho: "Dios no tiene el control", "Yo lo controlo con lo que pienso" (Visualizo y sueño).

Todo esto no es sino una mescla con esoterismo y budismo, y lo convierte en algo idéntico a la "Ley de la Atracción", una creencia de esotéricos, parasicólogos, y astrólogos. En la cual dicen que si tú piensas en algo que deseas con toda la fuerza de tu mente y alcanzas un alto nivel de concentración, esta cosa te será dada. Esa no es fe, esa es la creencia budista de "el poder de la mente sobre la materia" y que dentro del ser humano existe el ser más poderoso del universo, o sea que según ellos cada quien es un "dios" en potencia.

Muchos son lo que declaran que, como seres espirituales, creyentes y no creyentes pueden por igual "crear la realidad y alterarla, por medio de visiones y sueños concretos en su imaginación", a tal punto de llamar a esta creencia el proceso, Ley de Incubación.

Todo esto manifiesta la separación del "cristianismo histórico" y su relación al mundo de lo oculto. Esto también es evidente cuando puedes leer de los cuatro pasos de la Incubación:

1.-Visualice una meta definida o una idea específica en su mente.
2.-Tenga un deseo ardiente por su objetivo.
3.-Persista hasta que reciba la garantía o la seguridad de parte de Dios, de que lo que usted desea ya es suyo.
4.-Hable o confiese para que exista, el resultado final.

Según estas ideas, llegan afirmar que el hombre tiene la capacidad de crear realidades tangibles por medio de una "visualización" en la "cuarta dimensión".
Son muchas las religiones paganas basadas en lo oculto que también utilizan "el poder de la cuarta

dimensión". También algunos grupos involucrados con el Yoga, y algunos Monjes Budistas también afirman realizar milagros utilizando la misma técnica.

Es decir, que la realidad física puede ser alterada de acuerdo con los deseos visualizados. Por imaginar en la mente subconsciente la que desean. La verdad es que Dios no enseña en la Biblia que hay que alcanzar tal grado de consciencia, sino que confiemos en Él y Su Palabra. La orden del día dentro de muchos templos cristianos hoy día es "Visualiza lo que deseas y en eso te convertirás", "Visualízate sano, prospero... y todo se ejecutará..." dándole poder a la mente del hombre de categorías ilimitadas.

Esta enseñanza oriental no va de acuerdo a la Palabra de Dios, quien te exhorta a "PEDIR" "ROGAR" "HACER CONOCER" tus peticiones delante del Dios Todopoderoso quien tiene la palabra final en lo que Él determine hacer solo para su honra y gloria.

Usan a Dios como un medio y no como un fin.

Desde este punto de error, es que ahora están enseñando, *el Dios ilegal;* el que no tiene derecho de actuar y obrar en la tierra, si el hombre mismo no le autoriza. ¡Que tremenda falta de reverencia ante la majestad de nuestro Dios único!

Es algo así como decir: *"a quien se le dio dominio ahora quiere controlar y manipular aquel que le dio el dominio".*

2.-Imaginación: Solo con imaginarlo es suficiente. Por demás absurdo al igual que el anterior.

3.-Positivismo: No es mi deseo afirmar que ser positivo es malo, piénselo bien, ¿qué representa ser positivo? Para la nueva era es creer que todo te saldrá bien; que a donde vayas las puertas se te abrirán y nunca serás un fracasado. Es muy parecido a la doctrina de la "Súper Fe", que se predicaba en los 80´s.

El hablar positivo no tiene nada que ver con ser un cristiano lleno de fe. La persona que conoce a Dios sabe que pasara por pruebas y eso ya es contrario al "positivismo".

La palabra de Dios dice que el justo será probado en su fe.

JUAN 16:33
En el mundo tendréis aflicción, pero confiad yo he vencido al mundo.

En la metafísica el positivismo se refiere a pensar positivo para cambiar el ambiente en el que las cosas estén yendo mal. Otra vez vemos el mismo parámetro aquí; el hombre confesando u operando en el poder de la mente, para cambiar la realidad como si en él estuviera el poder para hacerlo. Si practica mucho *el positivismo* terminará abriendo el *"tercer ojo"*, eso se llama control mental. Realmente un espíritu de satanás entrará y manipulará la mente de aquellos que quieren cambiar la situación por el poder de la mente.

Los metafísicos consideran a Jesús como uno de ellos y toman algunas de sus enseñanzas para acomodarlas a lo que ellos creen.

Si *el positivismo* fuera cierto, Jesús hubiera ejecutado la obra de la salvación sin ir a la cruz, solo pensando, hablando y afirmando un decreto más o menos así: "Son limpios de pecado, son salvos, heredarán la vida eterna, serán fieles y verdaderos discípulos, son libres de la esclavitud y ahora consumado es...y ya...". Si Jesús hubiera dejado el positivismo como una enseñanza, tan solo con haber repetido unas 100.000 veces estas declaraciones, la humanidad hubiera sido salva en un instante.

Entonces ¿Por qué Jesús fue a la cruz si tenía otra alternativa?. Lo anterior también coloca a Dios en la misma manera y a los hombres con la misma capacidad creadora. ¡Que absurdo y que falsedad! ¿Cómo pretende la metafísica igualarnos a Dios? Por eso lo que está sucediendo hoy en día en muchas iglesias es una situación triste, en la que predicadores conocidos y con fama enseñan doctrinas camufladas de demonios sin saberlo.

Lo lamentable de todo esto son las almas que se desvían de la verdadera fe y de los fundamentos de la

Palabra de Dios. Veamos como hablaba Pablo y Pedro en estos textos 2 Timoteo 2:1-13 y 1 Pedro 2:21-25. Estas son solo algunas citas para mostrar que ellos utilizaron lenguaje que para los predicadores de hoy lo pueden considerar "negativo" y no positivo.

¿Será que las advertencias de Jesús de tinte negativo, al igual que las de Pablo y Pedro, no tienen que ser tenidas en cuenta por nosotros los cristianos? ¿Hay que sacarlas de la Biblia? o ¿qué hacemos con ellas?. Fíjense la enseñanza de Jesús en Mateo 7:24-29. El fundamento que aquí se presenta para que la casa no se caiga es la roca (Jesucristo, la Palabra y su enseñanza, es decir las Escrituras).

Cualquier otro fundamento no resiste la dificultad.

Te aconsejo que no te arriesgues a colocar la base de tu fe sobre arena, a menos que quieras exponerte a que tu fe se derrumbe.

Hoy todo puede estar bien; ¿pero qué pasará cuando venga la dificultad? Pregúntate, ¿Será que Jesús, Pablo y Pedro calificarían para miembros de éstas iglesias que predican metafísica?

IV. El Efecto de Estas Enseñanzas en la Iglesia Cristiana de Hoy

1. Sutil desviación de la fe verdadera. Ingenuamente la gente pone la fe en sí misma y no en Dios.

2. Afán por demostrar poder. Se supone que el poder es porque "dios los usa", la cuestión es que Dios *no los utiliza;* son ellos los que pretenden usar a Dios.

3. Confusión para desviar mucha gente sincera. Creyentes que con sinceridad van a buscar a Dios, se confunden al encontrar que la enseñanza no es basada en las Sagradas Escrituras, sino en la metafísica, nueva era, administración o marketing como lo haría cualquier otra empresa; incluso utilizando la inteligencia artificial.

4. Personas que entran y salen de las congregaciones. Es cierto que mucha gente llega a las Iglesias buscando a Dios con sinceridad en su corazón, pero al tiempo se sienten defraudados y se van a otras congregaciones y en un porcentaje alto, regresan al mundo, de donde ya habían salido.

5. El tropiezo para los no creyentes. ¿Qué pensará el inconverso que conoce el ocultismo, al oír las enseñanzas cristianas que utilizan principios metafísicos? Muchos se dan cuenta que esta manipulación es con fines lucrativos dañando así el testimonio que debería dar la Iglesia de rectitud e integridad.

Una mujer recién convertida que tiempo atrás fue practicante de la metafísica y era fanática de cierto canal de televisión, al ver un programa cristiano se dio cuenta que no había diferencia entre lo que había aprendido en el pasado y lo que enseñaban ahora en este canal. Lo más lamentable es el pobre fundamento que reciben los que asisten a estas iglesias, y los lleva a ser seudo discípulos.

6. El desplazamiento de la Escritura por enseñanzas heréticas. Cabe anotar también, que el exceso de confianza en los maestros no está respaldado por las Escrituras. En muchos pasajes se advierte acerca de la falsa enseñanza. El ejemplo más claro de cómo hoy los cristianos frente a estas tendencias gnósticas deben de actuar, lo vemos en el libro de los Hechos de los Apóstoles (los cristianos de Berea).

Una vez que ellos recibían la enseñanza, llegaban a su casa y comenzaban a indagar para comprobar por ellos mismo si era cierto lo que habían aprendido. No sabemos cuál fue la reacción de Pablo (pues se supone que él sabía que ellos hacían esta verificación), lo que sí se conoce, es que la Biblia registra que nadie debe dejarse engañar por falsos maestros.

"Examinadlo todo retened lo bueno desechad lo malo."
Entonces, podrías decir, si la responsabilidad mayor está en aquellos que enseñan falsas doctrinas bíblicas, también cabe la responsabilidad, para aquellos que los escuchan y no comprueban la veracidad de lo que les está siendo enseñado.

Conclusión:

1. Todo esto fue profetizado por Jesús, y también el Apóstol Pablo se lo escribió a Timoteo.

2. Cada uno responderá ante Dios por el uso indebido de las Escrituras y por introducir herejías en la Iglesia.

3. No necesitas innovar. Tu fe y fervor tienen que estar sostenidos en primer lugar, por constante relación de comunión con Jesucristo. Debes amarlo, obedecerlo y seguir fielmente sus enseñanzas contenidas en las Escrituras; esto es más que suficiente.

No se debe usar nada de técnicas de mercadotecnia sino de evangelismo. Lo Bíblico es reproducir discípulos fieles, que permanezcan inseparables al Señor cada día de sus días. La Palabra dice que *el Espíritu Santo convencerá al mundo de pecado, de juicio y de justicia*. El que atrae a la gente hacia Cristo es el Espíritu Santo, nosotros solo somos instrumentos en las manos del Dios Todopoderoso que nos ha llamado.

Deja de lado las estrategias humanas y ora a Dios que te de la gracia de ser usado por Él.

Como cristianos estamos en la responsabilidad de defender la verdad bíblica y afirmarnos plenamente en ella como nuestro mayor fundamento. ¿Cuántos murieron por la causa de Cristo?, ¿cuántos alzaron su voz para combatir las herejías y sufrieron por ello? Seamos dignos de aquellos que fueron pioneros de la fe y pusieron su sangre para defenderla. No seamos ni apáticos ni indiferentes ante la herejía, apostasía y el engaño de hoy.

Jesús te invita a reconocer a los verdaderos siervos de Dios y seguirlos. Sólo aquellos pastores que prediquen la palabra de Dios tal como ha sido escrita e inspirada, la sola escritura sin agregarle nada, sin querer innovar o querer aderezar con otras creencias, sólo los pastores que prediquen y siembren la semilla pura del verdadero evangelio son a los que debes oír y seguir. Aprende a reconocer los verdaderos frutos del evangelio.

¡Levántate y resplandece! llevando las almas solo a Jesucristo predicándoles la verdad con poder y autoridad.

7

LA CIENCIA CUÁNTICA, MEDICINAS ALTERNATIVAS Y HOLÍSTICAS

Es evidente que hoy la Iglesia se confronta a toda especie de engaño y apostasía; y la gran influencia que ayuda a sustentar el error son las corrientes escondidas dentro de la gran sombrilla ocultista:

La Nueva Era

En ella se agrupan todos los conceptos esotéricos que han traído contaminación a la verdadera pureza de la Palabra de Dios; tales como son la metafísica, las medicinas holísticas o alternativas, el feminismo, y un abanico de ideologías, corrientes doctrinales y modernistas, que sin querer han contagiado a un sin fin de ministerios e Iglesias. El profeta Isaías vio en su espíritu, hace miles de años atrás, como Israel se contaminó por la maldad que estaba en su corazón.

ISAÍAS 59:2-5
...pero vuestras iniquidades han hecho división entre vosotros y vuestro Dios, Confían en vanidad, y hablan vanidades; conciben maldades, y dan a luz iniquidad. Incuban huevos de áspides, y tejen telas de arañas; el que comiere de sus huevos, morirá; y si los apretaren, saldrán víboras.

La Nueva Era se entiende como una red de organizaciones muy diversas, que tienen ideas y principios de pensamientos en común. En esta gran red están involucrados diferentes tipos de asociaciones profesionales, organizaciones educativas, grupos que promueven la protección del medio ambiente, el desarme nuclear la paz mundial y más.

Dentro de todo esto existe un gran incentivo para adoptar un nuevo estilo de vida con dietas saludables, alternativas y medicinas holísticas, junto con prácticas de meditación y yoga bajo la influencia de las religiones orientales.

Es evidente que muchas de estas organizaciones no se identifican abiertamente como "Nueva Era"; con todo y eso, forman parte de la plataforma global, en la que todos están unidos por las mismas ideas y por contactos con otros grupos de la red. Hoy existen líderes de influencia mundial que saben cómo dirigir esta red gigantesca. Ellos son según dicen, los "guías espirituales" o los "gurús" de moda.

I. Medicina Holística

El término "medicina alternativa" designa de forma amplia los métodos y prácticas usados en lugar, o como complemento, de los tratamientos médicos convencionales para curar o paliar enfermedades. Medicina alternativa es toda práctica que afirma tener los efectos sanadores de la medicina pero que no está apoyada por evidencia obtenida mediante el método científico, por lo que su efectividad no ha sido probada más allá del efecto placebo. Consiste en un amplio rango de prácticas, productos y «terapias».

En esta denominación se incluyen prácticas pseudomédicas nuevas y tradicionales como: Homeopatía, Neuropatía, Quiropráctica, Curación Energética, varias formas de Acupuntura, Medicina Tradicional China, Medicina Ayurvedica, "Curación divina por espíritus guías", junto a otros tratamientos que no son parte de la medicina convencional.

La medicina alternativa usualmente se basa en las religiones, la tradición, la superstición y creencia de energías sobrenaturales, llamada pseudociencia, y todo lo que tiene que ver con lo místico, esotérico y metafísico.

El debate sobre la medicina alternativa se complica aún más por la diversidad de tratamientos que son categorizados como "alternativos". Éstos incluyen prácticas que incorporan fundamentos espirituales, metafísicos o religiosos, así como tradiciones médicas no occidentales, enfoques de la curación recién desarrollados y varios otros. La medicina alternativa puede definirse también como "diagnósticos, tratamientos o terapias" que pueden dispensar personas que no están legalmente autorizadas para diagnosticar o tratar enfermedades.

Buena parte de la comunidad científica define la medicina alternativa como cualquier tratamiento cuya eficacia y seguridad no han sido comprobadas mediante estudios controlados y contrastados.

Cada vez existe menos discernimiento para detectar el engaño dentro de los parámetros llamados seudocristianos. Estos permiten que muchas Iglesias y pastores acepten prácticas y conceptos contrarios a Dios y a su Palabra revelada, mientras le permiten enseñar dentro de sus congregaciones.

Todo esto se amalgama bajo el seudónimo de lo sobrenatural o supernatural en Inglés.

Hoy más que nunca las diferentes redes de internet propagan abiertamente todo lo que tiene que ver con cada una de estas prácticas anti bíblicas y engañosas. Todo esto no es otra cosa que la manera más sutil y dañina de propagar desde estos sitios web, su apego y conexión con la Metafísica bajo diferentes seudónimos como, el ayuno y la sanidad, cuántica; los aceites cuánticos o esenciales; diciendo que estos sintonizan las frecuencias del cielo, son estos los aceites que sanan según la frecuencia del órgano corporal.

Hoy no se habla o predica del Dios Todopoderoso, Omnisciente, Omnipresente, soberano, fiel y verdadero.

Los mensajes del momento que se están propagando es creer en el dios de las frecuencias o mega hertzios, el dios de lo aromático o sobrenatural. Los practicantes de lo cuántico llegan afirmar:

"Entramos a las personas desde afuera, cambiando la frecuencia en gloria de lo que está adentro", también dicen: *"es ahí, donde el humano se convierte en un campo electromagnético que atrae"*.

Todo esto no es otra cosa que profesar las religiones ocultistas y afirmar las doctrinas de demonios. Tú mismo puedes preguntarte: ¿Hay seres humanos imanes? o ¿Espíritus electromagnéticos? Está enseñanza es metafísica por completo; solo se necesita leer un poco acerca de artículos metafísicos en la web, para darse cuenta que las enseñanzas del llamado movimiento del modernismo y sincretismo, son por completo doctrinas diabólicas, que se quieren infiltrar para corromper la verdadera Iglesia del Señor.

¿Se puede creer que exista "un aceite cuántico" o un aceite esencial que sintonice las frecuencias del cielo? ¿Qué doctrina nueva es esta?

En la Biblia no se encuentra esta "modalidad", ni el Apóstol Pablo ni Pedro predicaron nada acerca de esto; no existe en ninguna parte de las Sagradas Escrituras, un tal llamado ayuno cuántico, ni se habla ahí de la dimensión cuántica, ni del salto cuántico, ni de aceites esenciales que sintonicen frecuencias del cielo.

Aun se atreven a decir que "los aceites esenciales pueden liberar recuerdos de la infancia y las emociones reprimidas que han obstaculizado el desarrollo en Cristo".

También están los que afirman que... "los aceites pueden actuar para eliminar las toxinas de la memoria de la misma manera que el cuerpo elimina toxinas de la sangre". Ellos afirman que hay emociones reprimidas; esto no es nada más que la llamada "Regresión Psíquica", práctica metafísica y ocultista, dentro de las corrientes de la Nueva Era.

Es más, se atreven a decir, que los aceites mezclados y combinados de diferentes plantas lo hacen por medio de la inspiración del Espíritu Santo; incluso llegan a decir que estos "se pueden utilizar para traer a la superficie la iniquidad enterrada en las maldiciones generacionales y traumas". Todo esto no es sino el clímax, donde se está desarrollando la apostasía.

TITO 2:15
Esto habla, y exhorta y reprende con toda autoridad. Nadie te menosprecie.

Ayuno y aceites cuánticos, regresiones psíquicas, ¿qué evangelio nuevo es este?, solo es una doctrina extraña fuera del evangelio para hacer lucro de todos estos engaños.

Nada de esto tiene que ver con el genuino cristianismo ni con el verdadero y autentico evangelio que revela la Biblia; esto no es bíblico. Todo esto son doctrinas heréticas, que producen sequedad y muerte.

1 TIMOTEO 4:1
Pero el Espíritu dice claramente que en los postreros tiempos algunos apostatarán de la fe, escuchando a espíritus engañadores y a doctrinas de demonios.

Lo preocupante de todo esto es que cada vez hay más pastores y ministros que van adoptando este tipo de enseñanzas ocultas, sutilmente y en forma progresiva se dejan envolver subliminalmente por su falta de discernimiento y su total desconocimiento del tema.

Dios te exhorta a no ser llevados como las ondas del mar de un lado para otro. Se debe examinar el corazón porque el alma se vislumbra por nuevas experiencias que se "ponen de moda" pero que son contrarias a Dios y su Palabra.

II. Profundizando en la Aromaterapia

Permíteme explicarte que dentro de las prácticas de las medicinas alternativas se encuentra la llamada "aromaterapia". Quiero que entiendas primeramente que dicen acerca de esta práctica, las personas que la promueven.

La palabra aromaterapia, proviene del griego que significa: aroma, (*"aroma"* y *"therapeia"*, atención, curación). Es una rama particular de la herbolaria, que utiliza aceites vegetales concentrados llamados aceites esenciales para mejorar la salud física, emocional, para restaurar el equilibrio de la persona completa. A diferencia de las plantas utilizadas en herbolaria, los aceites esenciales no se ingieren, sino que se inhalan o aplican en la piel. Cada aceite tiene su aroma y afirman que ejerce una suave acción sanadora que hace de la aromaterapia, una de las terapias alternativas más finas, agradables y populares.

Psicoaromaterapia

Es la psicología que estudia los olores y sus efectos en la mente humana, ya sea desde los estímulos relajantes y aromáticos que puedan ofrecer algunas fragancias como la rosa o manzanilla, hasta asociar algunos olores con los sentimientos. La mayoría de las veces relacionan los olores con las personas, por esta misma razón pueden recordar de alguien al percibir cierta fragancia o perfume que esté en el ambiente.

Aceites Esenciales

Los aceites esenciales son mezclas de varias sustancias químicas extraídas por las plantas, que dan el aroma característico a algunas flores, árboles, frutos, hierbas, especias, semillas y a ciertos extractos de origen animal. Se trata de productos químicos intensamente aromáticos, no grasos (por lo que no se enrancian), volátiles por naturaleza (se evaporan rápidamente) y livianos (poco densos). Fueron creados y utilizados muchos siglos antes de que la aromaterapia los empleara para mejorar la salud, y su uso no es exclusivo de la misma. La perfumería los desarrolló y posteriormente fueron empleados en diversas industrias como la alimentación y agroindustria.

Precauciones

Es importante señalar que la mayor parte de los aceites esenciales no pueden aplicarse en su estado puro directamente sobre la piel, ya que son altamente concentrados y pueden quemarla. Se usan no solo en el hogar, sino en los centros estéticos y spas, en lugares de terapias físicas y espirituales, en centros de meditación transcendental y de rendimiento deportivo; también donde se atiendan pacientes especiales, niños, ancianos, o mascotas, entre otros.

Se considera que la creencia en los efectos de la aromaterapia se basa solamente en evidencia anecdótica y pensamiento mágico, como ocurre con muchas terapias alternativas. Pocos estudios rigurosos y controlados han sido efectuados, y algunos de los beneficios que han sido reportados son atribuibles a una mala metodología y al efecto placebo.

Esto ha llevado a que la aromaterapia sea catalogada por algunos como pseudociencia o charlatanería. La aromaterapia no ha pasado los estudios clínicos pertinentes para demostrar que las terapias o remedios de esta disciplina realizan las curaciones que aseguran sus seguidores. En algunos casos seguir un tratamiento de una medicina alternativa puede incluso ser perjudicial para la salud tanto física, mental y lo más trágico y destructivo, es que cautiva y oprime la vida espiritual de las personas.

La magia de los aceites esenciales actúa relajando y oprimiendo alma y cuerpo. Aunque ellos digan que actúan como hidratantes y que nutren la piel, relajando, tonificando o descongestionando, podemos asegurar bíblicamente que esto no es más que engaño sobre engaño.

¿Que del Aceite de la Unción Mencionado en la Biblia?

El ungir con aceite era una costumbre del pueblo judío que se practicaba en el antiguo pacto. La primera referencia sobre la unción con aceite la encontramos en la Biblia. La unción con aceite fue parte de una de las ordenanzas solemnes para el pueblo Israel; Dios le dio instrucciones claras a Moisés en cuanto al aceite, dándole los ingredientes y la cantidad de minerales para hacerlo. Este tipo de aceite se llamaba el aceite de la unción, que era un ungüento superior de especias muy finas y aromáticas usado para consagración (Éxodo 30: 23-25).

Dios mandó a ungir con aceite el tabernáculo, el arca, el candelero, el altar del incienso, el altar del holocausto, los utensilios, la fuente y su base (Éxodo

30:26-27). No solamente se ungía los lugares y utensilios, sino que también a las personas que ascendían a un puesto solemne; con el aceite de la unción se ungía a los sacerdotes (Éxodo 30: 30), a los reyes o príncipes (1 Samuel 10: 1; 2 Samuel 2: 4; 1 Reyes 1:39) y a los profetas (1 Reyes 19: 16).

El aceite no otorgaba ningún poder especial, pues los elementos materiales no pueden conceder ninguna gracia especial, por tanto, el aceite era solamente un elemento simbólico que participaba en ese solemne acto.

Ungir con aceite a las personas, simbolizaba estar bajo la unción y protección de Dios. Por medio del aceite de la unción, las personas eran consagradas y dotadas de unción, autoridad y poder de Dios. Igualmente, los lugares y utensilios eran consagrados para usos exclusivos de ofrendas y sacrificios; pero todo era un valor simbólico del Antiguo Pacto.

Aquellos que estaban llenos de unción, de autoridad y de poder de Dios, no era porque se les habían ungido con aceite, pues tal cosa sería imposible, pues el aceite no podía otorgar ningún don o favor celestial.

El aceite de la unción era una representación de la unción de Dios; aunque este elemento material no proporcionaba ningún poder; no obstante, era necesario hacerlo como un acto simbólico de consagración o santificación a Dios.

El aceite es usado también en el Nuevo Testamento para ungir a los enfermos o a los que están heridos, y están lejos de tener alguna relación estrecha con el aceite de la unción del Antiguo Pacto.

Los discípulos del Señor ungieron con aceite a muchos enfermos, y los sanaban. "Y echaban fuera muchos demonios, y ungían con aceite a muchos enfermos, y los sanaban" (Mr. 6:13). El apóstol Santiago manda a los ancianos de la iglesia a ungir con aceite a los enfermos.

"¿Está alguno enfermo entre vosotros? Llame a los ancianos de la iglesia, y oren por él, ungiéndole con aceite en el nombre del Señor" (Santiago 5: 14).

Hay que dejar claro que el aceite no contenía ningún poder para traer sanidad o milagros; el aceite era únicamente un elemento simbólico. El apóstol Santiago dice: "... ungiéndole en el nombre del Señor", aclarando que el que sana no es el aceite ni mucho menos ningún aceite esencial, como muchos pretenden hacer creer en este momento a miles de incautos y desconocedores de las verdades bíblicas; sino que es el Señor el que sana y liberta a los oprimidos.

Luego el versículo 15 de Santiago 5 dice: "Y la oración de fe salvará al enfermo, y el Señor lo levantará; y si hubiere cometido pecados, le serán perdonados". No dice que el aceite salvará o sanará al enfermo, sino que es la oración de fe en el Señor, quien es el sanador divino. Aquellas personas cuya confianza está sólo en el aceite, no recibirán ningún beneficio porque han pensado que el aceite tiene una virtud sanadora y no es así.

El aceite por sí solo no tiene ningún poder mágico; el ungir con aceite es solo un acto de fe. Dios puede sanar directamente a las personas, sin la necesidad de ungirle con aceite; pero Él usa algunos medios para probar nuestra fe y obediencia. En el caso de Naamán, Dios lo hubiera podido sanar directamente de su lepra, sin la necesidad de mandarlo a zambullirse siete veces en el Jordán; pero Dios lo hizo para probar su obediencia.

Como también ocurrió con el ciego de nacimiento, el Señor Jesús podía sanarlo directamente, sin la necesidad de untarle lodo en sus ojos y mandarlo a lavar en el estanque de Siloé, pero el Señor lo hizo para probar su fe.

No era el agua la que sanó al leproso; ni fue porque se zambulló siete veces; y tampoco era el lodo que sanó al ciego, ni el agua del estanque; sino porque ambos obedecieron la palabra de Dios.

No en todos los casos de ministración se ungía con aceite a los enfermos; es más, Jesús nunca los ungió con aceite. Él usó otros materiales como el barro. El aceite, el vino, y otros elementos que fueron usados para sanidad eran medios que tenían un valor meramente simbólico. Espero que hayas sido edificado al leer este tema y sobre todo se hayan respondido tus interrogantes al respecto. Es importante recordar que es el poder glorioso de Jesucristo el que interviene favorablemente, sobre los enfermos, oprimidos y cautivos espirituales. Por lo cual todo aquello que intente desviar la verdadera adoración al único y solo Señor y Salvador Jesucristo, tiene que ser desechado y no aceptado.

Es evidente que hoy la Iglesia se confronta a toda especie de engaño especialmente por la influencia de tantas seudas enseñanzas. Son muchos los que no las pueden distinguir desde los púlpitos cristianos porque no conocen el lenguaje de la Nueva Era, que por décadas se ha confundido intentándolas mezclar con el mensaje Bíblico , por la cual se puede afirmar que todas estas tendencias son por completas incompatibles, con el verdadero mensaje de la Biblia.

8

EL REINO AHORA Y SU SEUDOTEOLOGÍA

Existe un marcado y descendente desvió de la verdadera fe, acompañado de una invasión de *"falsas doctrinas"* que ensalzan la autosuficiencia del hombre. Todo esto es parte de una tarea sutil y engañosa del diablo cuyo objetivo es recibir con los brazos abiertos al anticristo. En todo el mundo se ha propagado esta enseñanza con el fin de desestabilizar los verdaderos fundamentos en los que la Iglesia ha sido edificada a través de los siglos.

La teología del *"Reino Ahora"* ha surgido en la aceptación popular en los últimos treinta años. En estos momentos es uno de los tantos movimientos, que atrae sutilmente a muchos cristianos entusiastas, que ven en sus enseñanzas, el empoderamiento de hombres (o de ellos mismos) en lugares estratégicos

¿Qué Es la Seudoteología?

La seudoteología del *"Reino Ahora"* es una creencia en los movimientos de las seudo-reformas bajo el seudónimo de cristianismo evangélico aparente. Unas de las bases fuertes de sus enseñanzas son:

- Todos los cristianos son pequeños dioses.

- Cristo no puede volver a la tierra si la iglesia antes no ha conquistado el mundo.
- No existe el arrebatamiento porque eso es solo parte de una mente escapista; por lo que es necesario activar el reino de Dios en medio de las circunstancias.

Hay muchas corrientes dentro del movimiento *El Reino Ahora*, pero sus enseñanzas son consideradas altamente nocivas para la vida espiritual de las iglesias y sus miembros. Existen serias dudas acerca de su validez como una teología verdaderamente escritural. La verdad no siempre ha sido aceptada; el verdadero evangelio, durante siglos, ha pasado etapas en las cuales se ha tenido que confrontar con resistencia y persecución por causa de nuevas ideologías, disfrazadas de deslumbramiento falso.

El hecho de su popularidad no es prueba de su autenticidad.

La doctrina *El Reino Ahora*, está basada en extender logros personales en la tierra y no en el cielo. Enseñan que el hombre debe tomar dominio de este planeta y mejorarlo antes de que Jesús regrese.

Ya no es necesario enfatizar en los creyentes que levanten su "mirada al cielo" (a las cosas eternas y celestiales), sino que se alienta a *"mirar abajo"*, con el fin de mejorar el ambiente y cambiar la sociedad a una más divina (con la fuerza humana). Mencionaré varias razones del por qué, se necesita tener mucho cuidado con este movimiento que al no ser escritural puede confundir a muchos ya que sostienen lo siguiente:

1. Requieren un Reino Universal de Dios en la Tierra, sin el Rey de reyes. Por lo tanto niegan la soberanía de Dios.
2. Niegan las profecías escriturales de los tiempos finales, quitándole a los judíos su herencia.
3. No le dan valor al retorno de Cristo a la tierra.
4. Requieren unidad religiosa bajo el seudónimo de ecumenismo.
5. Se sostienen dentro de un sistema de Iglesia estructurada basado en el liderazgo humano similar a una empresa secular.
6. Reemplazan a Jesús con la Iglesia, siendo más importante el cuerpo que la cabeza.
7. Tiene su resurgimiento de raíces corruptas.
8. Creen y promueven la ley del reemplazo donde sostienen que Israel fue reemplazada para siempre por la Iglesia.
9. Descartan todas las profecias con relacion a Israel en su cumplimiento de los tiempos postreros.

I. Requiere un Reino Universal de Dios en la Tierra

Ellos piensan que al haber una mente creativa suplantando el verdadero Reino, debe haber un cambio en la sociedad para alterar los hábitos de codicia y violencia del hombre; y por eso lo ideal sería que hubiera un gobierno mundial dirigido y controlado por los cristianos de *"El Reino Ahora"*.

El imperio político religioso romano casi logró esto en tiempos antiguos, pero a un alto costo: la opresión de las masas, pobreza e ignorancia a gran escala, la desaparición de los textos bíblicos en el lenguaje popular, abusos papales, dominio sacerdotal y la matanza de millares de disidentes y supuestos herejes que rechazaron doblar sus rodillas ante las directrices de los romanos en la Iglesia.

Este sistema requiere obediencia a la ley.

La religión propuesta de este movimiento seudocristiano para la transformación actual del mundo, estaría sujeta al poder de la iglesia. Cada parte del sistema mundial: iglesia, gobierno, medicina, educación, comunicación, economía y deportes sería regida por preceptos bíblicos.

Pero el Nuevo Testamento, demuestra que los hombres no pueden salvar a la humanidad y que la única esperanza para él, es la justificación por la fe. Los hombres han fallado para transformar a la humanidad y siempre lo harán.

Sin embargo, los cristianos del Reino Ahora, esperan resucitar estos preceptos, como la base de "una nueva era de paz y justicia". Llevando estas enseñanzas a su conclusión lógica, está claro que nada menos que una cristianización mundial haría el milagro de la salvación planetaria. Esto, dicen los líderes, sería el Reino de Paz y Justicia prometido en el Antiguo Testamento. Sin embargo, dada la condición del corazón humano y los planes de satanás de dominio mundial, sería más probablemente el reino universal de terror a través del Anticristo.

En la Palabra de Dios, no se pronostica ninguna obediencia universal, sino maldad antes de la Venida de Cristo. Todas las naciones seguirán los planes satánicos de la Bestia. (Apocalipsis 13:3-4)

Empeñarse en organizar y establecer una red para un Nuevo Orden y dominio global, es lanzar una gran parte de la Iglesia en las manos de un falso cristo y un falso evangelio.

II. Niegan las Profecías Escriturales de los Tiempos Finales, Quitándole a los Judíos su Herencia

Con el objeto de dar pruebas bíblicas de su papel como salvadores de la tierra y legisladores -y para apoyar su argumento de ser el Reino de Dios en la tierra-, los líderes de estos movimientos tienen que alterar el orden de las promesas de Dios del Antiguo Testamento a la nación de Israel, y aplicarlas a la Iglesia.

Rompen los parámetros al decir que Israel ya no tiene lugar en el plan futuro de Dios para bendecir a las naciones, y que las promesas del reino del Antiguo Testamento no tienen que cumplirse específicamente para Israel, sino sólo por y a través de la Iglesia. Ellos afirman, que los judíos rechazaron a su Mesías, y por eso perdieron su herencia.

Dios, quien nunca puede mentir o quebrantar su Palabra, ha prometido bendiciones materiales específicas de tierra, prosperidad, soberanía, paz y victoria a la nación literal de Israel en el futuro.

Estas promesas nunca han sido cumplidas y sólo lo serán en el contexto de una reunión y resurrección espiritual de judíos en la tierra literal de Israel. Por lo cual este tipo de interpretaciones se suman entre las creencias anti bíblicas de afirmar que todas las profecías sobre el futuro de Israel tanto en el Antiguo y Nuevo Testamento se aplican solo a la Iglesia, habiendo Dios descartado para siempre a Israel. De ahí sostienen la teoría de la ley del reemplazo, sin jamás entender el orden de las profecías del Antiguo Testamento que solo serán cumplidas en Israel y a favor de esta Nación.

Aun mismo el Apóstol Pablo afirma hasta que haya llegado la plenitud de los gentiles y luego de esto llegara la salvación a Israel o sea vendrá el tiempo del cumplimiento profético para con Israel.

ROMANOS 11:25-26

Porque no quiero, hermanos, que ignoréis este misterio, para que no seáis arrogantes en cuanto a vosotros mismos: que ha acontecido a Israel endurecimiento en parte, hasta que haya entrado la plenitud de los gentiles; y luego todo Israel será salvo, como está escrito: Vendrá de Sion el Libertador, Que apartará de Jacob la impiedad.

III. No le Dan Valor al Retorno de Cristo a la Tierra

El énfasis en el triunfalismo terrenal para la Iglesia y largos años de reinado victorioso antes de la Venida del Señor, remueve y anula por completo la necesidad de velar y orar, para estar listos para ese día glorioso.

La tendencia doctrinal de los seguidores de El Reino Ahora, promete el triunfo final para la Iglesia en lugar de la Tribulación de los tiempos finales profetizada en la Palabra; es por esta razón que todas las revelaciones proféticas dadas por Dios en los libros de Daniel y Apocalipsis, han sido alteradas, negadas y cambiadas por completo, para dar base a sus propios errores de interpretación escatológica en el orden correcto que deberían interpretarse.

- La teología de *El Reino Ahora* ve la Segunda Venida de Jesús en dos etapas: primero a través de la carne de los creyentes y luego en persona para apoderarse del Reino entregado a Jesús, por aquellos que han sido victoriosos (los vencedores).

- Antes de la Segunda Venida, los vencedores deben limpiar la tierra de toda influencia maligna. *El Reino Ahora* afirma que Jesús no puede regresar hasta que todos sus enemigos hayan sido puestos bajo los pies de la Iglesia.

Este tipo de enseñanzas *El Reino Ahora* y la doctrina del *Dominionismo* colocan la atadura del mal y el dominio de los rectos en la primera venida del Señor, ellos ajustan y alteran por completo el verdadero entendimiento del libro de Revelación y las otras profecías del fin.

De acuerdo con lo que ellos enseñan; la Tribulación, Anticristo, Apostasía y demás, son colocadas históricamente en el pasado o son presentadas como interpretaciones simbólicas de antagonismo ordinario contra la Iglesia victoriosa.

El entendimiento profético *El Reino Ahora* es en gran parte post-milenial. Esto significa que coloca el retorno de Cristo después del reinado de justicia y paz. Por lo tanto, lo que se espera ahora es triunfo total y no tribulación. Esto es muy peligroso, especialmente cuando las Escrituras en el orden profético determinan que, antes que Jesús vuelva, surgirá un líder mundial afirmando ser el Mesías. Podría ser que los cristianos de este movimiento, demuestran por completo la ignorancia del verdadero calendario profético, y por lo cual aceptarán a este hombre como Cristo. (2 Tesalonicenses 2:3-4).

Ellos afirman que "como son el cuerpo de Cristo", tienen su naturaleza divina. Es muy evidente que rechazan por completo el arrebatamiento como una sensación de éxtasis o emoción cuando el Señor regrese para recibir el Reino de las manos directas de la Iglesia. En otras palabras, todos serán "arrebatados" emocionalmente cuando Él regrese. En lugar de la sabiduría y el poder del Espíritu Santo; el plan para la restauración mundial, promueve el desarrollo del conocimiento y habilidades sociales del hombre, cualidades de liderazgo, retórica y destreza para dominar adversarios, inclusive hasta declarar maldiciones contra los que no están de acuerdo con lo que desarrollan y establecen.

Los cristianos *El Reino Ahora* están siendo animados a tomar parte en todas las áreas del sistema mundial con el propósito de cambiarlo desde adentro. Pero los cristianos de la Biblia dependen nada más que del poder de Dios para respaldar su predicación. Su única labor es predicar el evangelio pues nunca en la escritura se le dijo a los cristianos que cambiaran a la humanidad por la fuerza natural (1 Corintios 2:1-5).

IV. Requieren Unidad Religiosa Bajo el Seudónimo del Ecumenismo

Dado que el mundo debe ser evangelizado y purificado

-de acuerdo con esta doctrina- es imperativo que todas las denominaciones se unan para hacer este trabajo. El plan para la evangelización mundial implica una caída de las diferencias doctrinales (como la justificación sólo por fe) para permitir a las religiones idólatras, y a los liberales que ayuden a cristianizar el mundo. Pero la escritura nos prohíbe trabajar juntos con incrédulos y personas que practican el paganismo y la idolatría.

2 CORINTIOS 6:14
No os unáis en yugo desigual con los incrédulos; porque ¿qué compañerismo tiene la justicia con la injusticia? ¿Y qué comunión la luz con las tinieblas?

V. Requieren un Sistema de Iglesia Estructurada, Basado en el Liderazgo Humano

Para lograr establecer el dominio mundial, la enseñanza de este movimiento debe ser invariable y universal, y esto no puede ser hecho sin la obediencia de todos sus seguidores. Por lo tanto, un sistema de liderazgo, debe ser introducido para asegurar que cada cristiano está bajo autoridad y sea incapaz de confundir las enseñanzas.

Esto excluye del "único reino mundial" a todos aquellos que discrepen con la doctrina El Reino Ahora. De hecho, algunas comunidades enseñan que su Iglesia es la única válida, que la puerta de salvación es a través de ella (no por Jesucristo, el Salvador) y que los que están fuera del sistema, está fuera del Reino de Dios.

VI. Reemplaza a Jesús con la Iglesia

En un esfuerzo por consolidar las afirmaciones de que la Iglesia en la tierra, es un Reino con una autoridad a ser obedecida, estas tendencias de enseñanzas han reemplazado al Señor Jesús con su cuerpo. Las propiedades, habilidades y autoridad de Jesús son puestas en el cuerpo visible en la tierra y sus funciones como cabeza y gobierno, Pastor y Rey son asumidas por los apóstoles, profetas y pastores. Entonces, se convierte en responsabilidad de la Iglesia obstaculizar a los malos y establecer el Reino en la tierra. Esto conduce a la arrogancia humana, rivalidad, competitividad y reemplaza la obediencia a Dios con sumisión y temor a una autoridad humana.

VII. Tiene Su Resurgimiento de Raíces Corruptas

Lo que hoy conocemos como doctrina *El Reino Ahora* es una especie de híbrido del *Dominionismo Romano*, amilenialismo liberal, escatología postmilenial y doctrinas contrarias a los fundamentos bíblicos. Ellos manifiestan la importancia de alcanzar la unidad religiosa y una edad de oro para la Iglesia por medio del conocimiento de la revelación y el poder espiritual. La avaricia y abusos espirituales han prosperado en esta enseñanza, la cual se centra demasiado en que la tierra es la verdadera herencia; esto ha conducido a muchos a estar cada vez más enamorados con el mundo que los rodea, como para aceptar casi todos sus valores.

Diferentes ministerios *El Reino Ahora* creen que Dios perdió total control sobre el mundo cuando Adán y Eva pecaron. Desde entonces, según esta tendencia, demarcan diciendo que Dios ha estado tratando de restablecer el control del mundo, buscando un grupo especial de creyentes conocido como el pueblo del pacto -los vencedores-, y que a través de estas personas, las instituciones sociales (incluidos los gobiernos y las leyes) serían traídas bajo la autoridad de Dios.

Ellos creen que, si los creyentes son habitados por el mismo Espíritu Santo que habito en Jesús, tienen toda autoridad en el cielo y en la tierra; por esta misma razón tienen poder para creer y hablar en existencia las cosas que no son, y por lo tanto establecer la era El Reino Ahora

Entre los principios más controversiales de la teología que afirman es la creencia de que la sociedad secular o no cristiana nunca tendrá éxito. Por lo tanto, *El Reino Ahora* se opone a la separación de la iglesia y el estado. Aunque hay cristianos que creen en algunas enseñanzas de *El Reino Ahora*, esto es muy peligroso pues al estar de acuerdo aunque sea en uno de sus preceptos, se está negando por completo los fundamentos sólidos y estables de las Sagradas Escrituras.

- Primero, la idea de que Dios ha perdido el control de todas las cosas es por completo contrario a lo que revela la Biblia, especialmente cuando difunden, que Dios necesita la ayuda de seres humanos para recuperar ese control.

Quienes sostienen estos desvíos doctrinales nunca han podido percibir que Dios es el Soberano de todo lo creado y de todo lo que existe. Dios existe en sí mismo, es santo, y perfecto en todos sus atributos únicos, incomparables y permanentes. Él tiene control y gobierno absoluto sobre todo y en todo, ya sea en el pasado, presente o futuro y nada sucede fuera de su autoridad y orden.

- Todo procede según su plan divino y propósito, y ni una molécula se mueve si Él no la autoriza (Isaías 14:27).

En cuanto a los hombres que tienen poder para creer y hablar en existencia las cosas que no son, hay que entender que ese poder sólo le pertenece a Dios y que no toma con agrado a aquellos que intentan usurpar lo de Él (Isaías 46.8-11).

La Negación del Arrebatamiento de la Iglesia También es Anti-Bíblica

La explicación que "el arrebatamiento no es más que el pueblo de Dios siendo arrebatado en sentimientos entusiastas" ha ignorado el hecho de que la aplicación del término arrebatado es una acción repentina; en la raíz griega se utiliza la palabra /harpazo/, tal como lo mencionan los siguientes textos bíblicos:

GÉNESIS 5:24
Caminó, pues, Enoc con Dios, y desapareció, porque le llevó Dios.

HEBREOS 11:5
Por la fe Enoc fue traspuesto para no ver muerte, y no fue hallado, porque lo traspuso Dios; y antes que fuese traspuesto, tuvo testimonio de haber agradado a Dios.

La palabra "traspuesto" proviene de la palabra griega /matatithemi/, que significa trasladar a otro lugar. El versículo continúa diciendo que Enoc no fue hallado. Esto hace referencia a Génesis 5:24. "...y desapareció, porque le llevó Dios".

Todo parece indicar que Dios tomó a Enoc de donde estaba, en medio de una situación de maldad en que se vivía en aquellos tiempos. La transposición de Enoc al cielo, obviando la muerte, tuvo lugar porque este agrado a Dios viviendo de acuerdo con la voluntad de Él. También encontramos en Elías otro ejemplo importante:

2 REYES 2:11-12
Y aconteció que yendo ellos y hablando, he aquí un carro de fuego con caballos de fuego apartó a los dos; y Elías subió al cielo en un torbellino. Viéndolo Eliseo,

clamaba!: Padre mío, padre mío, ¡carro de Israel y su gente de a caballo! Y nunca más le vio...

El Arrebatamiento de la iglesia es el evento en el cual Dios saca a los creyentes de la tierra para dar paso a su justo juicio que será derramado durante el período de la Gran Tribulación (1Tesalonicenses 4:13-18).

El Arrebatamiento se describe como el acto en el cual Dios resucita a todos los creyentes que han muerto, dándoles cuerpos glorificados, y después partiendo de la tierra con aquellos creyentes que aún estén vivos; y a quienes también les serán dados cuerpos glorificados. (1 Corintios 15:50-54).

La palabra "arrebatados", como hemos visto anteriormente, viene de la palabra de la raíz griega /harpazo/, la cual significa, quitar, atrapar, tomar por la fuerza. La palabra describe la acción del Espíritu Santo al transferir a Felipe de una ciudad a otra y el arrebato de Pablo al paraíso, esto sugiere la acción de una fuerza repentina.

HECHOS 8:39
Cuando subieron del agua, el Espíritu del Señor arrebató a Felipe; y el eunuco no le vio más, y siguió gozoso su camino.

Finalmente, la Segunda Venida de Cristo será cuando Él no los hombres, derrote a sus enemigos y ponga todas las cosas debajo de sus pies.

La descripción de la Segunda Venida en Apocalipsis 19 es la imagen de un poderoso guerrero que viene a corregir todas las cosas; no es la de quien viene a una tierra ya limpiada y lista a gobernar. El versículo 15 es claro cuando dice:

APOCALIPSIS 19:15
De su boca sale una espada aguda, para herir con ella a las naciones, y El las regirá con vara de hierro; y El pisara el lagar del vino del furor y de la ira del Dios Todopoderoso.

Si la tierra ha sido limpia de toda influencia maligna como manifiestan y afirman los de *El Reino Ahora*... ¿por qué necesita Cristo una espada afilada para atacar a las naciones? y ¿por qué aún existe el furor y la ira de Dios contra ellas?

La seudo teología El Reino Ahora es una más, de una larga lista de filosofías falsas, antibíblicas y engañosas de hombres, cuyo idealismo intenta por todos los medios, humanizar a Dios y deificar al hombre, descendiendo en la demarcación de la apostasía.

9

EL ENGAÑO DEL DOMIONISMO

Detrás del Domionismo

Son muchos los ministerios que creen intensamente en el "Dominionismo" que por décadas se ha estado enseñando en Estados Unidos, captando una atención considerable. Es posible que la imposición del Dominionismo tarde o temprano tenga una aceptación más amplia, y si esta corriente se sigue uniendo a otras doctrinas; los creyentes incautos podrán ser deslumbrados ante estos "falsos conceptos" (fáciles de digerir), y sus "prodigios mentirosos". El Dominionismo tiene la intención de un día "llegar a gobernar el mundo y cambiarlo en un paraíso apostólico y profético"; para que así Jesucristo venga a gobernar la tierra; a través de esta preparación desplegada y llevada a cabo por los que creen en ella. Muchos pueden hasta cambiar el sentido del "Padre Nuestro", enseñado por Jesús; orando de una manera totalmente opuesta e inclinada bajo la influencia de sus creencias; algo así como: "Dios que venga mi reino y que se haga mi voluntad y no la tuya".

¿En Qué Consiste la Falso Doctrina del Domionismo?

Es de observarse con suma atención la respuesta a esta

interesante pregunta. Esta falsa doctrina también se le conoce con el eslogan del: *Movimiento de la Lluvia Tardía o la manifestación de los hijos de Dios*. Ellos sostienen que la Iglesia de Jesucristo, es el reino en sí misma; ella, bajo la dirección de muchos líderes, será la encargada de imponer al mundo entero, la nueva revelación, de manera que todos los humanos se conviertan *"al cristo del dominionismo"*. Afirman que tal conversión global a esta nueva corriente dogmática (de dominio terrenal), traerá la paz y la justicia a todos los pueblos. Solo, y únicamente, cuando ésta imposición mundial se cumpla, entonces el Señor Jesucristo, regresará a la tierra (según ellos) para recompensar a sus ovejas sumisas al Dominionismo y resucitar de las sepulturas a todos los muertos que han seguido sus instrucciones.

Este incremento arrollador de la corriente del error hoy es muy popular entre muchos grupos cristianos y sobre todo entre los llamados carismáticos.

Ellos creen fervientemente y así lo enseñan, que la imposición del Dominionismo tarde o temprano tendrá un éxito mundial. Los que creen fielmente en esta doctrina dicen que llegarán a gobernar el mundo, cambiándolo en un paraíso terrenal, donde solo así, Jesucristo podría volver a gobernar la tierra.

¿Cuál es la Base que Utilizan?

Se basan en el post-milenialismo que es una doctrina propia de Roma.

¿Qué es el Post-Milenialismo?

San Agustín fue un obispo de la iglesia católica y autor prolífico que dejó una gran cantidad de obras, elaboradas desde el 386 hasta el 419, tratando temas diversos. Fue conocido como el padre del amilenialismo que con su influencia logró que la iglesia abandonara el premilenialismo y se acogiera al amilenialismo teología que no cree en el reinado milenial de Cristo literalmente, sino que en la iglesia se cumple el reino de Dios: el milenio.

Amilenialismo:

Posición teológica que enseña que el reinado milenial de Cristo no debe interpretarse literalmente, esto equivale a decir que niega el milenio y todos sus eventos. En consecuencia, no cree en el arrebatamiento de la iglesia ni en la gran tribulación; cree que la iglesia restaura el mundo hasta convertirlo en un Edén.

Postmilenialismo:

Posición teológica que enseña que el Señor Jesucristo vendrá por segunda vez a la tierra al final del milenio. Es que el amilenialismo con el tiempo fue absorbido por el postmilenianismo. Los de esta posición teológica no creen en el arrebatamiento de la iglesia, ni en la gran tribulación, ni en el tribunal de Cristo para recompensar las obras del creyente, ni en las Bodas del Cordero y por consiguiente desechan la doctrina que

Cristo en su segunda venida iniciará su reinado milenial (Apocalipsis19).

Agustín fue el primero en enseñar que la iglesia era el cumplimiento del Reino de Dios, que la iglesia reina en el mundo de facto o en reemplazo de Cristo. Por eso hoy los falsos apóstoles agustinianos, enseñan que la iglesia está estableciendo el reino de Dios, con una teocracia de gobiernos cristianos, en una sociedad más divina y mientras este objetivo no se cumpla según ellos, Cristo no puede venir por segunda vez a la tierra. Es por eso que muchos ministerios de hoy motivan a los líderes de sus iglesias a incursionar en la política para tomar dominio y control de las naciones.

La teología de Agustín también enseñaba que la iglesia tiene influencia en la vida y salvación; y que tiene que ser muy rica. Los que siguen esta teología, no oran por sus necesidades, pues los reyes no suplican sino que todo lo obtienen por decretos; por eso hoy es común encontrar a creyentes dándole órdenes a Dios en forma de mandato.

Un aspecto muy peligroso de esta teología es la enseñanza que el creyente puede encarnar a Cristo; con esta falsa doctrina se habla de lo incuestionable que es el apóstol al que no se le pueden examinar sus doctrinas y sobre todo se le da un poder omnipotente a la iglesia; que las Escrituras no le otorga sino a Cristo para establecer un Reino de Paz y justicia, encerrando a Satanás en el abismo. Esta teología y doctrina motiva al creyente a buscar lo material y a descuidar su vida espiritual porque ya está en el reino.

El posmilenialismo es una interpretación del capítulo 20 del libro bíblico de Apocalipsis que ve la segunda venida de Cristo ocurriendo después del Milenio, una Edad Dorada o una era de prosperidad y dominio cristiano. Los que sostienen la posición posmilenial creen que este mundo va a ir mejorándose cada vez más y que se cristianizara finalmente. Después de esto, Cristo volverá.

Sin embargo, esta no es la perspectiva que presenta la Escritura del mundo de los últimos tiempos. Del libro de Apocalipsis, es fácil ver que el mundo será un lugar terrible en aquel tiempo futuro. También, en 2 Timoteo 3:1-7, Pablo describe los últimos tiempos como tiempos peligrosos.

Según esta doctrina, el Señor Jesucristo ya estableció su reino justo en el mismo momento que Él ascendió a los cielos y fue arrebatado a la vista de sus discípulos (Hechos 1:9). Por tal razón afirman, que si Jesús ascendió a los cielos, ha dejado a la iglesia la responsabilidad de reinar sobre la tierra. De esta forma ellos aducen, que el Señor no descenderá de nuevo, hasta que se cumpla el período de gobierno de la Iglesia sobre la tierra.

Esta creencia impulsa a quienes la enseñan que es necesario imponer el cristianismo a toda fuerza.

Para poder lograr esta premisa, establecerán el control político, económico y social en las naciones, con la finalidad de traer paz y prosperidad a la tierra. Haciendo un resumen de lo que ellos sostienen, se puede resaltar los siguientes aspectos:

1. La Iglesia hoy reina sobre la tierra y su reinado será exitoso justo antes del regreso de Cristo; por lo tanto ya no es el Padre Celestial Quien lo determinará, sino la iglesia en la tierra. Esta es la esencia también del Reino aquí y ahora.

2. La Gran Tribulación ya es un evento del pasado. La apostasía y su esplendor ya es un hecho del ayer.

3. El anticristo es una malicia o espíritu que emborracha y confunde a todos aquellos que no comparten su doctrina post milenarista.

4. Ellos sostienen que la resurrección y el "Juicio del trono Blanco" son eventos simultáneos. De esa manera se elimina el milenio de Cristo.

Es preocupante ver que estos movimientos antagónicos hoy vuelven a invadir las congregaciones, con una imagen totalmente distorsionada del reino de Dios. La iglesia está siendo confrontada por muchas corrientes sincréticas, que rechazan el fundamento bíblico tradicional, cometiendo los mismos errores de la época medieval. Se puede ver un retroceso espiritual a siglos pasados, en donde la iglesia de Roma, reinó y gobernó sobre los imperios europeos, imponiendo sus normas, dogmas y valores de una forma impositiva, para establecer el reinado de Cristo a través del papado.

Hay que recordar la historia para ver que de ahí nacieron las crueldades de las cruzadas, de la santa inquisición y de la terrible persecución a los protestantes evangélicos y judíos. Es notorio que en medio de este mar de confusión que está prevaleciendo en el cristianismo pos-modernista, se están alterando y distorsionando todos los valores doctrinales y morales de la fe del verdadero evangelio. Esto está dando paso a una teología liberal, en donde la Biblia pasa a un plano secundario, con el fin de ser cambiada por las "nuevas revelaciones" que se han impuesto al mundo cristiano.

Tristemente pocos son los que escudriñan la Palabra de Dios; por tal razón, son conducidos por las emociones y técnicas de manipulación que los inducen aceptar todo lo que oyen. Ellos no entienden, que las sólidas experiencias y las verdaderas revelaciones dadas por el Espíritu Santo, son las columnas firmes y el fundamento sólido, de las Sagradas Escrituras. Definitivamente esto será lo único fidedigno de recibir y aceptar, y nunca será contrario a la misma Palabra escrita de Dios.

¿Qué Enseña la Teología del Dominionismo?

La Teología de Dominio o Dominionismo, enseña que la Iglesia debe establecer el Reino de Dios como un reino literal y físico en la tierra. Sólo cuando este objetivo sea logrado, Jesús podría retornar. El Dominionismo también enseña que los creyentes pueden "encarnar" literalmente a Cristo "como su cuerpo" para establecer su imperio (tomándose atribuciones que las Escrituras describen como pertenecientes solamente al Señor Jesús). También creen que el hombre puede ser coaccionado a someterse a los dictámenes de un nuevo orden mundial antes que Cristo venga, y la Iglesia será ese instrumento de coacción.

La Teología del Dominionismo se basa en estas columnas doctrinales:

1. Cuando Adán y Eva cedieron a la tentación, perdieron dominio sobre la tierra y Satanás tomó el control.

2. Dios también perdió el control y desde entonces está buscando un pueblo, que sea su extensión o "expresión" en la tierra.

3. La Iglesia (un pequeño grupo llamados los vencedores) será el instrumento de Dios para recuperar ese dominio y arrebatarlo de manos de Satanás.

4. Jesús no podrá volver hasta que la Iglesia recupere el dominio de las estructuras gubernamentales, sociales y económicas de la tierra.

Desde esta perspectiva, es que se basan en la enseñanza de los siete montes. Supuestamente la iglesia va a conquistar antes de la venida de Cristo las siguientes áreas de poder:

1. Comunicación.
2. Gobierno.
3. Educación.
4. Economía
5. Religión.
6. Celebración (artes, música, deportes, moda y entretenimiento).
7. Familia.

Ellos afirman, que toda autoridad se le ha sido dada a Jesucristo tanto en el cielo como en la tierra, los creyentes tienen el mismo Espíritu que habitó en Jesús, por eso sus adeptos también poseen ese poder y hasta pueden dar órdenes a la existencia, (y por ende) crear *un Reino* en la tierra, antes que Jesús retorne.

Esta es la razón en la que sostienen que parte del establecimiento del reino (de la Iglesia) comprende la concentración del poder policial y militar, en manos de los que estarán controlando durante la *era del Reino* (Observa la aberración, cuando el control estará en las manos de la inteligencia artificial dentro de la tecnología).

Este grupo es conocido como el hijo varón de muchos miembros, quien según los creyentes del Dominionismo será el cumplimiento de Apocalipsis 12:1-5. Esta frase utilizada en este texto bíblico es para ellos sinónimo de la culminación en la perfección de la esposa de Cristo, una iglesia sin arruga ni mancha. *(...Y ella dio a luz un hijo varón que regirá con vara de hierro a todas las naciones).*

Esta Iglesia es la que pondrá a Satanás y todos los enemigos de Dios sometidos bajo los pies del hijo varón de muchos miembros.

Esto será el cumplimiento de la Palabra cuando dice:

1 CORINTIOS 15:25-26
Porque preciso es que él [Cristo] *reine hasta que haya puesto a todos sus enemigos debajo de sus pies. Y el postrer enemigo que será destruido es la muerte.*

Resumiendo: El hijo varón pondrá a todos los enemigos de Dios bajo sus pies, y si la cabeza es Cristo, los pies son parte de un cuerpo, y ese cuerpo es la Iglesia. Por consiguiente, donde el pasaje se refiere a "Cristo", en realidad se refiere a la Iglesia.

La Teología del Dominionismo afirma; "No habrá rapto ni tribulación, ni futuro para la nación de Israel", mientras que aducen que, Jesús no vendrá a la tierra hasta que el milenio comience o se haya terminado, o nunca sucederá, de acuerdo con las diferentes corrientes que se mueven en esta doctrina.

Es evidente que toda esta distorsión que es completamente contraria a los principios de Dios en su palabra, no es nada nuevo. Esta tendencia del dominionismo ha estado influyendo desde tiempos antiguos, en diferentes formas y bajo diferentes nombres.

Es muy notorio la forma tan sutil que utilizan para manipular la mente de sus seguidores, con el fin de extraerles lo máximo de bienes materiales, al afirmar, que no pueden tomar el control del mundo sin dinero. Podrás entonces resumir que lo que hace que un cristiano abrase una falsa doctrina como esta, es el resultado de haber dejado de lado la comunión personal con Dios, el buscar su rostro, y escrudiñar su Palabra (Mateo 7:15).

El Dominionismo, es la creencia que dice que los cristianos tienen un mandato de Dios para construir el reino de Dios en la tierra, la restauración del paraíso, de forma progresiva y en el poder (de lo que ellos llaman) sobrenatural, llegando a tomar todas las instituciones de la sociedad en general, a través de someter y gobernar la tierra por cualquier medio posible; Incluyendo el uso de la tecnología, ciencias de la ingeniería y otros medios que sean necesarios.

Para concluir el tema, puedes notar el concepto "mundo" según la Palabra de Dios:

JUAN 18:33-36
Entonces Pilato volvió a entrar en el pretorio, y llamó a Jesús y le dijo: ¿Eres tú el Rey de los judíos? Jesús le respondió: ¿Dices tú esto por ti mismo, o te lo han dicho otros de mí? Pilato le respondió: ¿Soy yo acaso judío? Tu nación, y los principales sacerdotes, te han entregado a mí. ¿Qué has hecho? Respondió Jesús: Mi reino no es de este mundo; si mi reino fuera de este mundo, mis servidores pelearían para que yo no fuera entregado a los judíos; pero mi reino no es de aquí.

La palabra original en la raíz griega para referirse a mundo es /kosmos/, que significa; un acuerdo, un sistema, un orden, o un gobierno. Esto tiene que ver con lo que representa el mundo en oposición al cielo. Esta palabra describe al mundo alejado y opuesto a Dios. Es de notar que el diálogo entre Pilato y Jesús da a entender cuál es la verdadera y genuina naturaleza del reinado del Señor y destaca su permanencia. La terminología del Reino, en el Evangelio de Juan, lo expresa de esta manera.

Los propios re-construccionistas utilizan la palabra dominionismo para referirse a su creencia de que sólo los cristianos deben controlar el gobierno civil, llevándolo a cabo de acuerdo con la ley bíblica.

Tanto en los Estados Unidos de América como en

América Latina, este movimiento se ha infiltrado en el pensamiento y las acciones de muchos pastores, influenciados por esta doctrina sin entender lo que se mueve detrás de ello. Esta es la razón que muchos han dejado de predicar acerca de la segunda venida de Cristo, creyendo que deben establecer y ordenar el mundo a través del gobierno de la Iglesia.

En medio de todo esto surge una pregunta interesante:

¿Entonces Jesucristo depende de la ayuda de los hombres llamados la iglesia, para Él poder regresar tal como lo ha prometido?

Todo esto indica que desconocen por completo el tema de la Soberanía de Dios, porque si la conocieran podrían notar que sus enseñanzas por nada se ajustan a las Sagradas Escrituras. El libro de Judas dice:

JUDAS 1:3
Amados, por la gran solicitud que tenía de escribiros acerca de nuestra común salvación, me ha sido necesario escribiros exhortándoos que contendáis ardientemente por la fe que ha sido una vez dada a los santos.

El aumento de la apostasía es una evidencia profética de que Cristo viene pronto.

En las dos últimas décadas se han proliferado toda clase de doctrinas heréticas que se han introducido rápidamente en la Iglesia y van en aumento cada día. La Palabra de Dios proféticamente ya había advertido que esto sucedería. En realidad, muchos cristianos evangélicos desconocen por completo todas estas doctrinas de engaños y apostasía.

JUDAS 1:4
Porque algunos hombres han entrado encubiertamente, los que desde antes habían sido destinados para esta condenación, hombres impíos, que convierten en libertinaje la gracia de nuestro Dios, y niegan a Dios el único soberano, y a nuestro Señor Jesucristo.

Es notorio que todas las declaraciones bíblicas se están cumpliendo en estos tiempos. Los espíritus de error están seduciendo cada vez más a una generación sin discernimiento y sin conocimiento de la Palabra de Dios. Estas teologías o creencias son una artimaña de satanás, quien no tiene nada que ver con Jesús y la Biblia; sino más bien en donde se puede ver una agenda bien preparada del enemigo para estos últimos tiempos. Estos son enemigos de Dios, de Jesucristo y de su Palabra pura e inalterable. Son anatemas, a estos no les digas bienvenidos. ¡No permitas que te engañen!

Los nacidos de nuevo, están seguros de la Segunda Venida de Cristo a la tierra, además de ello, están esperando la reunión con el Señor Jesucristo en el cielo, para luego estar con Él para siempre.

10

EL SEUDO PODER DEL AQUÍ Y AHORA

Es sumamente importante conocer de dónde procede el término *"El aquí y ahora"*, con sus enseñanzas sutiles; y lo mismo hacia donde se encaminan todos aquellos que lo predican. Esta enseñanza ha sido aceptada por muchos líderes cristianos y ha logrado permear e influir dentro de muchas iglesias. Por tal motivo es menester entender todo lo que se esconde detrás de esta tendencia que hoy esta tan de moda.

Lamentablemente cada vez existe más desconocimiento de la verdad pura de la Palabra de Dios, acompañada de una falta total de discernimiento de parte de los líderes. Muchos de los que están usando el término, - *ahora*- no han profundizado las raíces y el trasfondo de lo que realmente se esconde en el mismo.

Inicio del Aquí y Ahora Moderno

El engaño de la espiritualidad del *Aquí y Ahora* es la continuación de la fusión de dos ramas muy distantes: la filosofía antigua de Aristóteles y la espiritualidad de los que practican la meditación Zen. Estoy hablando del libro de Eckhart Tolle, *"El poder del aquí y ahora"* y *"Una nueva tierra"*, en el cual se explora la estructura del ego humano y cómo éste actúa para distraer a la gente de su experiencia presente en el mundo.

En el 2008 un escritor del New York Times, se refirió a Tolle como *"el autor de espiritualidad más popular en los Estados Unidos."* Él llegó bien lejos relacionado a una falsa espiritualidad conectada a la Nueva Era. Para entender más profundamente el tema se debe indagar en: ... ¿Quién pudo influenciar tanto la vida de Tolle?, ¿Fue solo su experiencia traumática personal, que tuvo que atravesar para plasmarlas en sus libros?

En este capítulo encontrarás las causas que llevaron a que esta enseñanza tomara tanto auge en el siglo presente, siendo que su influencia viene del siglo pasado, teniendo hoy más fuerza que cuando surgió hace varias décadas.

¿Quién es Eckhart Tolle? Tolle nació en Alemania en 1948; desde niño vivió con su padre, en Alicante España, hasta los 20 años que se radicó en Inglaterra. Tras pasar un tiempo recibiendo instrucciones budistas cuenta en una entrevista, el experimentó a los 29 años, lo que él considera *una transformación espiritual,* que marcó el principio de su labor como consejero y maestro espiritual. Tras recibir *la supuesta iluminación,* abandonó su tesis doctoral en la Universidad en Londres, (decisión que le costó su empleo), y pasó varios años durmiendo en la calles como indigente; buscando en muchas ocasiones como única solución el suicidio.

¿Qué le sucedió en ese tiempo en el cual pudo practicar por horas la meditación aprendida del Zen Budista?, en estos años de depresión, él dijo que resolvió su pasado pensando solo en el presente. Esa experiencia del poder de la mente sobre el pasado acusador y el futuro incierto, es lo que lo llevo a escribir su libro. Él dice que gracias a eso consiguió, tomar las riendas de su vida y superar el difícil momento por el que estaba pasando; se convirtió entonces en consejero espiritual de todos aquellos que necesitan superar su pasado para ser exitoso en el presente.

Toda su vida ha procurado analizar las claves que le llevaron a la misma. Así fue como nació *El Poder del Ahora*, un libro bajo una sucesión de preguntas y respuestas, queriendo mostrar la fuerza que está dentro de cada hombre, enfatizando la importancia de ser consciente del momento presente para no perderse en los pensamientos. En su opinión, *"el presente es la puerta de acceso a una elevada sensación de paz"*. Afirma que el poder del ser, del *Aquí y Ahora* conlleva una conciencia que está más allá de la mente; una conciencia que ayuda a trascender el cuerpo del dolor, que es creado por la identificación con la mente y el ego.

Si consideramos la Palabra fiel de Dios por encima de experiencias humanas, comprobamos que Dios vive en el tiempo *Kayros,* que es eternidad, y sus promesas son la esperanza de un futuro mejor con Cristo, en el cual *ésta Iluminación* que regeneró según él la vida de

Tolle, contradice la verdad del Evangelio y las enseñanzas mismas de Cristo.

Simplemente el *Poder del Aquí y Ahora* niega pensar en el futuro, el cual es la esperanza de cada creyente.

¿Qué es el presente para cada creyente? El peregrinar, el desierto hasta llegar a su verdadero hogar.

¿Qué es el futuro para cada creyente? El llegar a Canaán, la tierra prometida que representa el cielo, lugar donde moraremos por la eternidad con Dios.

Mientras que la teoría personal de Tolle, habla de centrarse en el presente solamente, *el ahora*, niega la existencia del tiempo y la esperanza gloriosa de la eternidad.

Analizando Quiénes Influenciaron la Vida de Eckhart Tolle

Eckhart en una entrevista con John W. Parker, habla de la fuerte conexión que tuvo en su vida con *Jiddu Krishnamurti* y *Ramana Maharshi*, afirmando que sus instrucciones del *Aquí y ahora,* fueron una síntesis de las enseñanzas de estos dos maestros espiritualistas. Veamos quienes son:

Jiddu Krishnamurti, nacido en la India colonial, fue un conocido escritor y orador en materia filosófica y espiritual. Sus principales temas incluían la revolución psicológica, el propósito de la meditación, las relaciones humanas, la naturaleza de la mente y cómo llevar a cabo un cambio positivo en la sociedad global.

Ramana Maharshi, Pertenecía a la doctrina *Vedanta Adwaita* ('no dual', no hay almas *y* Dios, sino que las almas *son* Dios). Ramana fue uno de los religiosos hinduistas más conocidos del siglo XX. Otra persona por la cual Tolle fue profundamente influenciado en persona, fue, Barry Long, con éste afirmo sus pensamientos de la esotérica tendencia de la Nueva Era.

¿Quién era Barry Long?, fue un Australiano, de profesión periodista, que a partir de los treinta años, comenzó a desilusionarse de la *vida material*. En 1964 dejó su carrera, su esposa y su familia para ir *a meditar* a la India. Allí experimentó una crisis espiritual que culminó en una muerte mística que él llamó *'Realización de la Inmortalidad'*.

Long comenzó sus enseñanzas públicas en Londres y luego de regresar a Australia realizó frecuentes viajes para dar seminarios en Europa y en Estados Unidos; además de participar en los encuentros anuales residenciales del Reino Unido. Sus enseñanzas tuvieron el propósito de "liberar" a hombres y mujeres de la *infelicidad habitual*. Algunos comentaristas notan la similitud de estas enseñanzas con las de E. Tolle quien asistía a los encuentros regulares de Barry Long en Londres, cuando su libro se publicó por primera vez, bajo el título de *"Ridding Yourself of Unhappiness"* - Liberándote de la infelicidad- 1985.

Todas estas influencias, más el *Sufismo* (una de las denominaciones que se han dado al aspecto místico del islam). *La poesía de Rumi*, (fue un poeta místico musulmán persa, y erudito religioso de su época). Otra de las influencias al escritor del *Aquí y Ahora,* fue: la "Escuela Rinzai de Budismo Zen", (El Zen es una escuela del budismo mahayana meditación sentado-).

Para aquellos que no conocen brevemente explicaremos lo que hay detrás de la Nueva Era:

La Nueva Era estaba de auge en esos años y sigue siendo en este momento uno de los mayores peligros para la sociedad. Contiene tantos colores que parece mentira que se pueda ver alguna esperanza en el mundo, después de pasar por sus atracciones espiritualistas llenas de mentiras y engaños sutiles. La Nueva Era, abarca un sin fin de expresiones llamadas espirituales que van desde la lectura del aura, la conversación con los cristales del cuarzo, la Cienciología, la repetición de mantras llamados sagrados, la hermandad blanca, la meditación trascendental, los planes cósmicos, los peregrinajes a la India, la conversión al budismo, las meditaciones y canalizaciones en grupo, el Yoga Kundalini, el Panteísmo místico, el feminismo y mucho más. La lista completa de los grupos que forman el Nuevo Movimiento Religioso (y Espiritualista) es larga.

E. Tolle no se conformó de toda esta influencia "mística, hinduista, de meditación budista, con pensamientos puramente de la Nueva Era; sino que entró a profundizar teorías del siglo XIII. Una de ellas fue la del maestro alemán Meister Eckhart, y también *Vedanta Adwaita*.

¿Qué Promueve la Dotrina Vedanta Adwaita?

La doctrina *Vedanta Adwaita* promueve la existencia de un ser unido a la totalidad de seres existentes, hasta tal punto que no puede hablarse de relación entre los distintos seres, sino de unidad total. Es la unión entre el sujeto que percibe y lo percibido.

¿Quién Fue Meister Eckhart?

- **Eckhart de Hochheim**, nació en Turingia, Alemania en el 1260- 1328. Fue conocido como *Maestro Eckhart* o en alemán Meister Eckhart. Él estaba bajo *"La orden de predicadores"*, conocida también como *"orden dominicana"* y sus miembros como *dominicos,* de la Iglesia Católica. Era conocido por su obra como teólogo y filósofo y por sus escritos que dieron forma a una especie de misticismo especulativo. Su doctrina se apoyó en la base teológica proporcionada por Tomás de Aquino.

Tomás de Aquino. Nacido en 1225 Sicilia, Italia. Fue teólogo y filósofo, católico perteneciente también a la *"La orden de predicadores".* Fue el principal representante de la *enseñanza escolástica,* (proveniente de las escuelas griegas), una de las mayores figuras de las fuentes más citadas de su época en *metafísica* hasta el punto de, una vez muerto, ser considerado como el referente de *las escuelas del pensamiento* Tomista y Neotomista.

No hay duda que E. Tolle bajo toda esta influencia, más su experiencia personal de *la iluminación*, plasmó en sus libros, *El poder del* Aquí y *Ahora*, como la base de sus enseñanzas acerca de la felicidad que cada uno lleva dentro de sí, que es el cristo en cada consciencia.

Este *cristo en cada consciencia* no es más ni menos que el yo humano que la nueva era ha querido por décadas que cada hombre desarrolle; para desplazar así el verdadero Jesucristo, y endiosar el yo.

Otro de sus libros es: "*Un nuevo mundo ahora*", -el cual explora la estructura del ego humano y cómo éste actúa para distraer a la gente de su experiencia presente en el mundo-. Otros libros similares son: "El Silencio habla" y "Practicando el poder del ahora".

Fue muy popular por su aceptación y cometarios sobre las obras de Aristóteles, señalando, por primera vez en la historia, que eran compatibles con la fe católica.

A él se le debe el rescate y reinterpretación de la metafísica, llamada hoy en día La *neoescolástica,* que es el renacimiento y desarrollo de la filosofía escolástica. En la mitad del siglo XIX, como una resurrección de las tendencias teológicas y filosóficas que parecían extintas; renacen en ésta época actual, bajo el nombre *philosophia perennis, o metafísica.* Estas enseñanza*s que* surgieron en la Grecia Antigua, nunca dejaron de existir, porque tuvieron los *maestros iluminados* que las resucitaban de tanto en tanto, denominada *"Neotomismo"* ya que fue Tomas de Aquino quien dio forma a la *Escolástica* del siglo 13. En el siglo 20 se han creado escuelas *Neotomistas*, unas de las más desatacadas están en, Bélgica, Canadá y en Washington (Estados Unidos).

El libro "El Poder del Ahora", también interpreta frases de Jesús recogidas en la Biblia y totalmente alteradas para crear un grado más intenso de confusión.

Reseña del Libro: El Poder del Ahora

Aún no entro en mi asombro ni puedo comprender como *pastores* han leído y enseñado lo que está escrito en éstas enseñanzas resurgidas del misticismo de la Metafísica, desembocando en la alineación del abanico de la Nueva Era. Solo puedo entender que quien enseña estas ideologías son amantes de la nueva era, o ignorantes de ella; entendiendo que su yo está elevado y por tal razón se conectan con esta teorías enseñadas en estos tiempos presentes por Tolle.

En el libro *El Poder del Aquí y Ahora*, escrito bajo la influencia de todo lo que se ha explicado anteriormente; se entiende, que Tolle, define *la vida eterna*, afirmando que siempre está presente en cada conciencia -y no solo eso-, sino, accesible dentro de cada uno; afirmando que es la esencia de todas las religiones, contactar con lo que él que se llama "nuestro ser", la cual es la verdadera naturaleza del Yo, o la existencia del alma.

Explica que es inútil intentar comprenderlo y que para poder acceder a él es imprescindible dejar a un lado la mente y concentrarse únicamente en el *Ahora*; ese es el único modo de tener plena consciencia del Ser. Eckhart Tolle trata de enseñar que es posible alcanzar *la iluminación* y mitigar el dolor, el sufrimiento y la ansiedad que el tipo de vida actual produce en el propio hombre. La solución según Tolle, pasa por comprender que son los propios pensamientos los que causan la infelicidad; que el dolor lo crea el propio ser humano y que este es mucho más que su mente.

Cuando la Palabra de Dios afirma que la infelicidad se produce cuando el hombre vive separado del creador a consecuencia de su vida de pecado y que desobedecer o ser rebelde a su ley trae tristeza al alma.

Tolle se justifica a sí mismo al decir que su mente se libera de su pasado al entrar en la *iluminación*. Esto es una mentira absoluta, porque nadie puede estar justificado de su pasado, si Dios no le perdona por medio de Jesucristo Señor y Salvador de todo aquel que crea en El.

El hombre nunca será libre de su pasado, aunque quiera borrarlo, porque siempre la sombra de la acusación, estará ahí, hasta que el único que lo puede borrar lo haga y es el poder glorioso y único de Jesucristo.

Tolle se justifica a sí mismo acerca de su pasado, no pensando en su futuro el cual sin Cristo puede ser aterrador, por estar lejos de su presencia.

Sus libros indiscutiblemente influenciados por la tendencia de la Nueva Era, son una herejía al negar a Cristo y su obra redentora en la cruz.

¿Qué Realmente Trata de Decir Tolle en Su Libro?

Las enseñanzas que proclama *El Poder del Ahora*, son tan antiguas como el sentimiento espiritual del hombre y de un modo u otro están implícitas en el trasfondo de todas las religiones -aunque el libro se mantiene al margen de cualquiera de ellas- y en muchas de las corrientes relacionadas con la psicología. La novedad está en que el autor, procura clarificarlas y actualizarlas para hacerlas fácilmente comprensibles, influenciándolas sutilmente y haciéndolas cautivas, bajo espectros de tinieblas y oscuridad.

Según él mismo afirma; "toma años el llegar a centrarse; demora más que años el entender lo que es

el *estar ahora*. Nada ocurre si no ahora, el pasado ya no existe y el futuro aún no es".

¿Qué Quiere Decir la Frase "Aquí y Ahora" Desde una Perspectiva Budista?

El budismo tiene una profunda filosofía con éxito, tanto en Oriente como en Occidente. Una de sus principales frases es "Aquí y ahora".

¿Cuál Será Su Verdadero Significado?

Su teoría afirma: *"El pasado es siempre memoria, el futuro una ficción, y entre los dos hay un enlace que es el presente."* Desde hace siglos los *monjes Zen* saben lo que la ciencia actual ha descubierto referente al espacio tiempo. *Aquí y ahora* reúne de un modo sintético el espacio y tiempo, afirmando *que solo el momento presente es auténtico*, si se percibe en su integridad y sin la contaminación de las proyecciones mentales, no puede haber una aquí (espacio) sin un ahora (tiempo), pues los dos están íntimamente ligados. Ellos enseñan que el pasado es una deformada pasión de la mente que establece parámetros de recuerdos, y que no permiten instaurar en el *Aquí y ahora* una experiencia de compresión, porque la percepción que está basada en vínculos de experiencias y recuerdos, está contaminada la naturaleza comprensiva auténtica.

El futuro que es una ficción de lo más condicionante, se va construyendo con base de una memoria fabricada según los deseos y ambiciones, y por ello se pierde en un presente pleno de autenticidad.

Cuando se habla del *Aquí y ahora* ellos afirman tres temas incondicionalmente:
- En primer lugar, un llamado a la consciencia.
- En segundo lugar, el hecho de que el tiempo no existe, aunque se crea en él.
- En tercer lugar, la idea que al darse cuenta que el *aquí y ahora*, es una puerta que se abre para conocerse a uno mismo, entendiendo, aquello que acuñaron los sabios de la Grecia clásica; para hacer ver que no sólo se tiene un componente físico, mental y emocional, sino también otro de carácter divino, infinito, eterno e inmutable.

¡Cuidado con lo que afirman! Vivir en el momento presente es una puerta solo para aceptar a Cristo y vivirlo con Él. Saber que el pasado ha sido lavado en su Sangre y nos proporciona la paz necesaria para vivir seguros y confiados.

La consciencia es lo que nos identifica con quien somos en Cristo, no en quien somos en nuestro YO aún no redimido.

La influencia de la terapia Gestalt en el pensamiento Aquí y Ahora, quiere sustituir a la obra del Espíritu

Santo en el creyente.

El concepto de *Aquí y ahora* es propio de la psicología humanista, de la terapia Gestalt, que consiste como se ha visto, en percibir el presente, como lo único que existe.

Según el *Centro de Psicología y Terapias Integradas* de la ciudad de Valencia, España: "La Terapia Gestalt, es una terapia perteneciente a la *Psicología Humanista*, (NE) que se caracteriza por no estar hecha exclusivamente para tratar enfermedades, sino también para desarrollar *el potencial* humano (Cuando se habla del *potencial* humano, se refiere a levantar la consciencia del Yo en cada uno, doctrina básica en la NE).

Esta técnica se centra en la vivencia que tiene la persona que solicita ayuda en el momento presente, para relacionarse con los demás, así como en la forma de ser/estar en el mundo, y la capacidad que tiene para autorregularse y tomar sus propias decisiones. Es un tipo de terapia que se enfoca más en los procesos que en los contenidos.

La Terapia Gestalt coloca énfasis sobre lo que está sucediendo ahora; se está pensando en el presente y lo que se siente en el momento.

En este sentido, se habla del aquí y ahora, no para dejar de lado la historia de la persona, sino más bien que esta historia se mire desde el presente, en cómo se vive, y cómo afectan, los hechos pasados al día de hoy. La persona es quien es, entre otros, por lo que ha vivido. Se trata de mirar al pasado para entender cuál es el presente, y resolver desde él ahora las cuestiones que impiden avanzar en la dirección que desean".

La Gestalt comparte con las disciplinas espirituales de Oriente y con los grupos de encuentros occidentales la filosofía del Aquí y Ahora.

En Gestalt se intenta evitar todo lo que no está o no se desarrolla en el presente; incluso si el conflicto que aparece hace referencia a una experiencia del pasado o a un temor del futuro; se trae ese material al aquí y ahora porque solo en el presente se puede llevar a cabo la integración.

Ellos afirman que esta terapia puede "ayudar" aquellos que están influenciados por las mentiras de los medios de comunicación, aterrando a la gente de las guerras y cosas catastróficas que pueden suceder. Sin embargo es importante entender que el futuro, solo está en las manos de Dios y en nadie más.

En la terapia del Gestalt se le propone a la persona en la que están trabajando, que compruebe sus *fantasías*, que contraste con el grupo; y que exprese lo que teme como catastrófico.

Negar lo que puede pasar en el futuro después de la

muerte sin Cristo es negligencia; es como intentar cubrir el mar con una nube. El Todopoderoso Dios dice que los hombres y mujeres deberían meditar en los caminos por los cuales están transitando.

Así es como se trabaja el pasado, el presente, la fantasía en general, y los sueños trayéndolos al presente. Se trata de describir aquello que pasó como si no estuviera pasando. El Budismo, la meditación, el Sufismo, el Zen y otras filosofías orientales de miles de años de antigüedad, constituyen el origen conceptual y práctico del *Aquí y Ahora*, que posteriormente también ha sido adoptado por enfoques psicoterapéuticos más actuales como la *Psicología humanista* dentro de la que se encuentra como ya has visto la *Terapia Gestalt*.

Una de las técnicas de uso habitual en los ejercicios gestálticos es para centrarse Solo en lo presente; en el aquí y ahora.

¿Por Qué El Ahora, y No el Futuro o el Pasado?

Es evidente que en esta línea de pensamiento e ideología se sostiene que nunca nada ocurrió en el pasado, y que todo ocurrió en el ahora. Eso contradice lo que el sabio escribió acerca que lo que sucedió en el pasado se vuelve a repetir. *...¿Qué es lo que fue? Lo mismo que será. ¿Qué es lo que ha sido hecho? Lo mismo que se hará, y nada hay nuevo debajo del sol.*

Eclesiastés 1:9. ... Aquello que fue, ya es, y lo que ha de ser, fue ya, y Dios restaurara lo que paso. Eclesiastés 3:15.

¡Nunca ocurrirá nada, en el futuro, ocurrirá ahora!, afirman. Sin embargo la Biblia nos dice en Isaías 46:9, que se debe de recordar lo que Dios hizo en el pasado; eso afirma la fe y acrecienta la confianza en Dios.

ISAÍAS 46:9
Acordaos de las cosas pasadas desde los tiempos antiguos; porque yo soy Dios, y no hay otro Dios, y nada hay semejante a mí.

Jesús les recuerda a sus discípulos las cosas que les había dicho; eso denota que es bueno acordarse de las promesas que en el pasado Dios nos profetizó. *"Más os he dicho estas cosas, para que cuando llegue la hora, os acordéis de que ya os lo había dicho"*. Juan 16:4. El cumplimiento de las palabras de Jesús sería otra evidencia más para fortalecer la fe de ellos.

La Biblia no solo da la historia fiel de lo que sucedió en el pasado, sino que también dice lo que sucederá en el futuro.

Los seres humanos no pueden predecir el futuro. Esta es la razón por la que se puede afirmar categóricamente que la Biblia ha sido inspirada directamente por Dios. Tendrías que leer las marcadas evidencias que existen cuando habla del futuro y leer cientos de textos bíblicos que mencionan las palabras: futuro, porvenir, postreros, tiempos finales, los días del fin y mucho más.

ROMANOS 8:24-25

Porque en esperanza fuimos salvos, pero la esperanza que se ve, no es esperanza, porque lo que alguno ve, ¿a qué esperarlo? Pero si esperamos lo que no vemos, con paciencia lo aguardamos.

Al observar todo estos detalles, cualquiera se da cuenta de la influencia nociva que produce a los que aceptan esta creencia. Considera lo siguiente:

1.- La maldad siempre está intentando de una u otra manera, minimizar la autoridad de la Palabra de Dios. Muchos cristianos influenciados por esta tendencia han expresado:

"ya no es importante vivir por lo que la Biblia ha dicho, ni por los principios que en ella Dios ha establecido, sino por lo que Dios dice ahora."

2.- La primera tentación llevada a cabo en el Huerto del Edén, fue llevar al hombre y a la mujer a dudar de la Palabra de Dios y de lo que El mismo había establecido para ellos; es decir, vivir por los principios que El Todopoderoso había ordenado. Este ha sido siempre el enfoque de satanás hasta el día de hoy.

3.-Hoy prácticamente todo error encontrado en

muchos ministerios cristianos, surge porque están rechazando la Biblia como la autoridad final de Dios, la único infalible y perfecto. El resultado siempre será el mismo engaño ancestral de las tinieblas; pues la Palabra de Dios ocupa un lugar secundario a las invenciones y desviaciones del propio hombre.

4.-Jesucristo es el mismo ayer, hoy y siempre por los siglos de los siglos. Cuando se escuchan frases tan alteradas de la verdadera interpretación bíblica, diciendo que "aquellos que creen en el Jesús de la historia como lo menciona la Biblia, nada tienen que ofrecer; sino que lo importante es El Jesús del ahora"... pienso que quienes aceptan estas enseñanzas, son personas que no han entendido lo que la Biblia revela acerca de que en Jesús no hay sombra de variación, Él no cambia y Él es eterno. Te invito a leer estos textos que afirman lo que la Biblia dice:

APOCALIPSIS 1:4-5
Juan, a las siete iglesias que están en Asia: Gracia y paz a vosotros, del que es y que era y que ha de venir, y de los siete espíritus que están delante de su trono; y de Jesucristo el testigo fiel, el primogénito de los muertos, y el soberano de los reyes de la tierra. Al que nos amó, y nos lavó de nuestros pecados con su sangre,

APOCALIPSIS 1:17-18
Cuando le vi, caí como muerto a sus pies. Y él puso su diestra sobre mí, diciéndome: No temas; yo soy el primero y el último; y el que vivo, y estuve muerto; mas

he aquí que vivo por los siglos de los siglos, amén. Y tengo las llaves de la muerte y del Hades.

La Esperanza Esperada en Su Promesa

La esperanza desde una perspectiva bíblica, es una virtud esencial, porque la esperanza del creyente siempre está basada en Dios y en sus promesas. Piensa en esto: "No habría esperanza si todo se hiciera en el presente", algún día la esperanza se tornará en realidad, en la gloria de Dios, que será revelada en los que han creído. Dios no solo es una fuente de esperanza sino que Él es *el Dios de esperanza*. La esperanza de los cristianos esta personificada en Jesús.

ROMANOS 8:24-25
Porque en esperanza fuimos salvos, pero la esperanza que se ve, no es esperanza, porque lo que alguno ve, ¿a qué esperarlo? Pero si esperamos lo que no vemos, con paciencia lo aguardamos.

La esperanza está relacionada con la fe, y si fe es imposible agradar a Dios.

De hecho, la verdadera esperanza, en los cristianos debería originar por lo menos cinco respuestas presentes en la vida de todo fiel seguidor y discípulo de Jesucristo:

1. **Debes mantener tu fe firme y sin vacilaciones:**

HEBREOS 10:23
Mantengamos firme, sin fluctuar, la profesión de nuestra esperanza, porque fiel es el que prometió.

2. Debes vivir una vida pura como hijos de Dios:

1 JUAN 3:1-3
Mirad cuál amor nos ha dado el Padre, para que seamos llamados hijos de Dios; por esto el mundo no nos conoce, porque no le conoció a él. Amados, ahora somos hijos de Dios, y aún no se ha manifestado lo que hemos de ser; pero sabemos que cuando él se manifieste, seremos semejantes a él, porque le veremos tal como él es. Y todo aquel que tiene esta esperanza en él, se purifica a sí mismo, así como él es puro.

3. Debes renunciar a la impiedad y vivir de una manera sobria, justa y piadosa:

TITO 2:11-14
Porque la gracia de Dios se ha manifestado para salvación a todos los hombres, enseñándonos que, renunciando a la impiedad y a los deseos mundanos, vivamos en este siglo sobria, justa y piadosamente, aguardando la esperanza bienaventurada y la manifestación gloriosa de nuestro gran Dios y Salvador Jesucristo, quien se dio a sí mismo por nosotros para redimirnos de toda iniquidad y purificar para sí un pueblo propio, celoso de buenas obras.

4. Debes actuar con inteligencia, viviendo de una manera santa:

1 PEDRO 1:3,13-16

Bendito el Dios y Padre de nuestro Señor Jesucristo, que según su grande misericordia nos hizo renacer para una esperanza viva, por la resurrección de Jesucristo de los muertos...Por tanto, ceñid los lomos de vuestro entendimiento, sed sobrios, y esperad por completo en la gracia que se os traerá cuando Jesucristo sea manifestado; como hijos obedientes, no os conforméis a los deseos que antes teníais estando en vuestra ignorancia; sino, como aquel que os llamó es santo, sed también vosotros santos en toda vuestra manera de vivir; porque escrito está: Sed santos, porque yo soy santo.

5. Debes mantenerte firme, constante y creciendo en el servicio a Dios ya que Jesús ha conquistado y derrotado el imperio de la muerte:

1 CORINTIOS 15:58

Así que, hermanos míos amados, estad firmes y constantes, creciendo en la obra del Señor siempre, sabiendo que vuestro trabajo en el Señor no es en vano.

Para los cristianos la **Esperanza** no produce desesperanza o es infructuosa sino que los motiva y guía para vivir confiados en Dios y en sus promesas. La verdad bíblica termina con la promesa del regreso de

Jesús quien es la única esperanza segura. Evidentemente estos textos mencionados nos hablan del futuro próximo. Es más aquellos que confían plenamente en lo que les aguarda; se preparan responsablemente.

APOCALIPSIS 22:20
"Ciertamente vengo en breve" y como cristianos todos podemos responder confiados "amén; sí, ven, Señor Jesús."

Esta es la razón en que puedo decir que la Escatología se puede describir, como las buenas noticias de los últimos acontecimientos, para aquellos que se han determinado a confiar en Cristo y vivir bajo las promesas de Dios.

Existe hoy muy poco entendimiento o deseo de la verdad bíblica. La Biblia no está siendo expuesta en muchos pulpitos en los días de hoy y cada vez son menos los cristianos que la estudian.

Como resultado de esto, son llevados a la muerte espiritual, careciendo por completo del deseo por conocer verdaderamente a Dios y su Palabra. En la que en la mayoría de estas personas, ya no existe una capacidad de discernir la verdad de la mentira, y lo correcto de lo incorrecto.

Es evidente que cuando un error atractivo se manifiesta, muchos están demasiado dispuestos para aceptarlo como si fuera algo de Dios, sin importar quien lo establezca y lo enseñe.

Jesús ha dicho que Él era la verdad, y seguirá siendo la verdad. Es evidente que aparte de la comprobación de la Palabra de Dios; las observaciones de la humanidad y lo que digan los hombres por su propia cuenta, nunca podrá ser probado como verdad. Vuelvo a repetir que, la única verdad infalible y perfecta se encuentra solamente en las Sagradas Escrituras, la Biblia. Las Escrituras declaran ser capaces de prepararnos para vivir la vida de una manera tal que agrade a Dios, confiando plenamente en Él.

Pensar que la Palabra de Dios es insuficiente para enseñarnos a vivir en este mundo es negar su poder, y autoridad establecida y revelada. Hoy más que nunca es menester proclamar en el mundo visible e invisible; natural y espiritual que solo JESUCRISTO ES QUIEN TIENE TODO EL PODER, para cambiar y transformar a todo ser humano que acuda a su presencia.

11

EL ENGAÑO DE
LA HIPERGRACIA

Un nuevo movimiento surge y crece a pasos agigantados, contaminando sutilmente muchas Iglesias evangélicas en distintas naciones alrededor del mundo. Pareciera algo nuevo, pero no lo es.

El Apóstol Pablo lo confrontó desde los inicios de la iglesia cristiana en el primer siglo. Hoy, esta sutil maquinación que envuelve la apostasía, se presenta con una nueva imagen y expresiones muy atractivas, que logran enceguecer el entendimiento de los incautos. En éste capítulo hablaré de la "Hipergracia".

Este tipo de seudo doctrina enseña que Dios no puede castigar a nadie, pues Él es supremamente amoroso como para sancionar aquel que a consecuencia de sus pecados o desobediencia, peca delante de su presencia.

Esta corriente mal interpreta el verdadero concepto de lo que es el amor de Dios. Esta falsa enseñanza intenta abrazar el **Universalismo** que basa su doctrina en el pensamiento de:

"...pase lo que pase al final todos vamos a ser salvos, ya que el infierno no existe".

Bajo este éste término tendríamos que hablar de otra tendencia errada, llamada, **la inclusión**.

Este movimiento es considerado como una *"evolución natural de la iglesia evangélica"*, porque en las últimas décadas ha abandonado la doctrina verdadera y la predicación ciento por ciento bíblica. En muchos lugares el púlpito ha sido tomado, por diferentes tendencias teológicas entre las que se encuentran:

- Las terapias motivacionales.
- La teología de la falsa prosperidad.
- La búsqueda del éxito por méritos humanos.

Todas ellas son enseñanzas que intentan menoscabar y negar por completo los fundamentos básicos del cristianismo histórico y bíblico.

Muchas de estas iglesias y predicadores se niegan a enseñar la doctrina de la cruz, a la que llaman burlonamente la *"teología del matadero"*; poniendo a un lado la doctrina del pecado, el arrepentimiento y la santidad. Tampoco se habla de temas como el infierno, el juicio final, y niegan por completo la segunda venida de Cristo.

Como ejemplo de ello podemos destacar a un Pastor de una de las Mega Iglesias más grandes en Estados Unidos, que llego a declarar que: *"El pecado y el infierno era un estilo de mensajes de los años 60 y 70 y no de hoy"*.

El movimiento de la Hipergracia, es la versión moderna de una antigua herejía conocida como *antinomismo*, que en griego significa: "contra-ley". Es la creencia de que la ley moral del Antiguo Testamento fue completamente abolida y hoy se puede vivir de la manera que queramos porque no estamos bajo la ley, sino bajo la gracia. Según ellos, la gracia en el Nuevo Testamento, acabó con la Ley del Antiguo Testamento.

Sin embargo, es una interpretación alterada de Romanos 8:1, en la que se afirma la primera parte del texto y se desecha la mitad que continua.

"...ahora pues, que ninguna condenación hay para los que están en Cristo Jesús, los que no andan conforme a la carne, más conforme al espíritu".

Todo el capítulo 8 de Romanos es la síntesis de la lucha de Pablo contra el antinomismo en la iglesia cristiana del primer siglo, y que amenazaba contaminar y pervertir el evangelio en sus propios inicios.

El **antinomismo** (del griego /ἀντί/, "contra", y /νόμος/, "ley") es, propiamente, un movimiento cristiano del siglo XVI considerado herético que defendía que la fe lo llenaba todo y era lo único que el hombre necesitaba. También aducían que como la ley de Moisés era inútil para la salvación, era indiferente que un creyente *"perseverara en pecado para que la gracia abundara"*. Esto es totalmente contradictorio a lo que dice la Palabra:

ROMANOS 6:1-4

¿Qué, pues, diremos? ¿Perseveraremos en el pecado para que la gracia abunde? En ninguna manera. Porque los que hemos muerto al pecado, ¿cómo viviremos aún en él? ¿O no sabéis que todos los que hemos sido bautizados en Cristo Jesús, hemos sido bautizados en su muerte? Porque somos sepultados juntamente con él para muerte por el bautismo, a fin de que como Cristo resucitó de los muertos por la gloria del Padre, así también nosotros andemos en vida nueva.

El antinomismo como doctrina sin movimiento, surgió por primera vez en los siglos I y II, y después esporádicamente en diferentes épocas. Generalmente se asocia al gnosticismo y, hoy más que nunca está presente también en el Neo gnosticismo (gnosticismo moderno de la Nueva Era). Se refiere entonces a la práctica (no bíblica según los demás cristianos) de vivir sin la debida consideración de la rectitud de Dios; empleando la gracia como si fuera una licencia para pecar; confiando así mismo en la gracia para ser limpio del pecado sin condiciones.

Algunos han enseñado que una vez que las personas son justificadas por la fe en Cristo, ya no tienen ninguna obligación hacia la ley moral, porque Jesús los ha liberado de ella. Una alternativa de esta primera posición es que los creyentes que ya están en Cristo, se han elevado por encima de los preceptos positivos de la ley y tienen que ser obedientes sólo a la dirección inmediata del Espíritu Santo.

En otras palabras, el antinomismo afirma, que ya que la gracia es infinita y somos salvos por ella, entonces se puede pecar cuanto se quiera y aún así ser salvos.

Es evidente que esto es por completo contrario a lo que la Palabra de Dios advierte en la Epístola de Romanos:

ROMANOS 6:1-2
Qué, pues, diremos? "¿Perseveraremos en el pecado para que la gracia abunde? "De ninguna manera! Porque los que hemos muerto al pecado, cómo viviremos aún en él?"

La Biblia habla de la maravillosa gracia de Dios, pero quienes creen en la Hipergracia la interpretan incorrectamente.

Lo que significa la gracia de Dios, es contrario a lo que esta seudo doctrina enseña. La gracia no debe usarse como una excusa para pecar, sino para ser controlados por el amor de Dios, guiados por el Espíritu Santo, y dando siempre frutos de una nueva vida en Cristo.

Lo que Dios realmente desea es que los cristianos sean personas cien por ciento nacidas de nuevo y verdaderamente transformadas por su evangelio y por su Espíritu. Quienes predican o saltan al liberalismo de la Hipergracia, son en su mayoría cristianos que vivieron los rigores del legalismo o que han confundido libertad con libertinaje.

La Hipergracia y el Legalismo no son para nada parte del cristianismo. Hay un punto de síntesis entre ambas, y es el equilibrio que da vivir en santidad pero en la verdadera libertad que da el evangelio.

Los que levantamos voz de alerta acerca de este movimiento, no tenemos la menor duda que esto pondrá en peligro el futuro del cristianismo, y los creyentes sutilmente engañados crecerán en un concepto de un falso evangelio. Existen señales muy evidentes que se puede notar en las iglesias que están predicando y viviendo en la Hipergracia:

1. Los predicadores no hablan en contra del pecado: Toda persona que está en una iglesia con esta tendencia, notará que la palabra "pecado" por lo general sólo se menciona en el contexto del perdón de los pecados en Cristo. Cuando alguien cuestiona esa omisión, inmediatamente lo califican de "religioso", "legalista" y "fariseo". Muchos pastores de las grandes Iglesias de la Hipergracia en Estados Unidos y en otras partes del mundo, hoy por hoy han dicho repetidamente: *"Yo no predico pecado porque eso molesta a las personas, y baja su autoestima."*

2. El pastor nunca toma una posición firme sobre la santidad: En un intento por atraer a más personas, las Iglesias que están bajo esta doctrina, no mencionan por ejemplo la palabra "santidad"; esto lo hacen para que los que asisten se sientan más agradables y confortables con sus enseñanzas encaminadas a vivir una vida práctica. Los ministros no toman una posición pública; no enseñan a los miembros sobre cuestiones que están en la agenda moral como el aborto, la inmoralidad sexual, el consumo de drogas, o cualquier cosa que pueda hacer sentir mal a la audiencia. Se deja a un lado cualquier intento que enseñe vivir una vida de santidad. Esta es una de las razones porque en la actualidad ya muchos pastores han dejado de llamarse así, para auto proclamarse como "motivadores de vida cristiana". Todos sus mensajes están basados en éxito y superación personal, pero carentes de revelación en la Palabra de Dios.

3. El Antiguo Testamento es casi totalmente ignorado: En estas iglesias, el Antiguo Testamento es tratado como un registro que no tiene un valor real con nuestro estilo de vida moderno. No hay ninguna mención de los Diez Mandamientos o las porciones bíblicas donde Dios se muestra como un juez.

4. A los líderes se les permite enseñar y predicar abiertamente viviendo en pecado: No hay condenación hacia pecados como la fornicación, adulterio, homosexualidad, lesbianismo, avaricia y embriaguez; todos ellos son tolerados, ya sea por los miembros ordinarios o personas en posiciones de liderazgo. El pensamiento de "esto no es importante", ya no refleja el amor al prójimo y el respeto a sus decisiones.

5. Los mensajes suelen ir en contra de la "iglesia que predica valores fundamentales". Los pastores llamados "motivadores de vida cristiana" que han abrazado la Hipergracia están constantemente en contra de las iglesias más "conservadoras". Ellos creen que su mensaje ya no es relevante a la cultura de hoy. También dicen que las iglesias tradicionales, son "fundamentalistas" pues con su mensaje hacen que las personas tengan una mala impresión de los evangélicos.

6. Los pastores predican en contra del diezmo: La Hipergracia no estimula a la gente a leer la Biblia; pero si se preocupa por predicar lo que no se debe creer. Aunque los pastores que están bajo esta tendencia, hablan de prosperidad y éxito financiero, no predican del diezmo porque según ellos es otra ley que fue abolida en Cristo. De lo que si hablan es acerca de la siembra y la cosecha para el éxito financiero personal y de la iglesia en una forma completamente alterada y distorsionada de la verdadera enseñanza bíblica.

7. Los pastores predican sólo mensajes motivacionales: Desde los púlpitos de las iglesias resuenan sólo mensajes positivos como la riqueza, la prosperidad, y el cómo tener éxito en la vida; solo dependiendo de las habilidades y fuerzas humanas. No existe una preocupación o interés en proclamar "todo el concepto de la Palabra de Dios", o impulsar el trabajo evangelístico y misionero que requiere arrepentimiento y cambio de vida. No mencionan la existencia del diablo y de los demonios, y dicen que la guerra espiritual en el cristiano crea distorsiones mentales.

8. Miembros de la Iglesia no deben temer a ningún tipo de amonestación por parte de su liderazgo: Los participantes de una iglesia que siguen la Hipergracia están convencidos de que, a causa del fuerte énfasis en la gracia, todo está permitido. Es decir, no se debe esperar ningún cambio real en ellos, y sólo deben conformarse con asistir a los cultos de adoración para ser así "mejores personas", aunque caminen contrario a lo que establece la propia Palabra de Dios.

Esta nueva teología llamada "Hipergracia" se arraiga en muchas Iglesias norteamericanas, y por ende es exportada al resto del continente americano. Su difusión ha sido tan extensa y sutil que, aunque sus enseñanzas son directamente contradictorias a la Biblia, muchas personas no la reconocen porque viven inmersos en su falsedad.

Entre muchos de sus planteamientos se encuentran que Dios no castiga, ni la justicia es su tema. Dios cuida para que no haya pecados; no existe ni el infierno, ni el diablo y la gente no tiene por qué esforzarse en no pecar, sino en vivir feliz; y ya la santidad no es relevante. Lo preocupante de todo esto no es de donde están cayendo los cristianos, sino a donde están cayendo; en un descenso cada vez mayor de apostasía.

12

ENTRENADORES MOTIVACIONALES O PASTORES

El método del *Coaching* en inglés o la forma de entrenar a otros, es una disciplina para el desarrollo personal del futuro líder, que no nace en la Iglesia, sino en el ámbito secular y por lo tanto es muy diferente a la consejería bíblica. El *Coaching* (o Entrenador) Se comenzó a utilizar en el deporte como el arte de entrenar la mente para llevar al cuerpo a alcanzar un mayor potencial.

Este concepto tiene sus bases y principios en la Nueva Era, y lo vamos a estudiar detenidamente. El *Coaching*, llegó al mundo empresarial para crear un liderazgo de gente con mejor actitud.

Los orígenes de su práctica se remontan a la disciplina filosófica griega, llamada *"mayéutica"*, mediante la cual un maestro desarrollaba el potencial de sus discípulos con base en preguntas de introspección.

El primer texto de Platón (en orden cronológico) que relaciona *la mayéutica* al personaje de Sócrates es "El banquete". Sócrates, que repetía las palabras de la sacerdotisa y adivina Diotima, decía que el alma de cada hombre estaba embarazada y que quería dar a luz. Sin embargo, este parto no podía llevarse a cabo;

argumentaba Diotima quien era mensajera de los dioses. Es precisamente el papel del filósofo (el partero) el de ayudar dar a luz al alma.

La mayéutica consiste en la creencia que existe un conocimiento que se acumula en la conciencia por la tradición y la experiencia de generaciones pasadas. Por lo tanto, en *la mayéutica* se invita al individuo a descubrir la verdad que se encuentra en el inconsciente.

Mayéutica (una de las pléyades de la mitología griega), es por lo tanto, una técnica que consiste en interrogar a una persona, para hacerla llegar a un conocimiento no conceptualizado; tal como lo hace el entrenador.

La mayéutica se basa en la dialéctica, la cual supone la idea de que **la verdad** está oculta en la mente de cada ser humano. La técnica consiste en preguntar al interlocutor acerca de algo (un problema, por ejemplo) y luego se procede a debatir la respuesta dada por medio del establecimiento de conceptos generales. El debate lleva al interlocutor a un concepto nuevo desarrollado, a partir del anterior. En ese sentido, algunos creen que adaptar los principios del *Coaching* al contexto de la Iglesia es una manera efectiva de capacitar el liderazgo y ser mentor de nuevos creyentes.

Sin embargo, hacerlo es un error cuando se coloca en el centro al individuo y no a Dios y se sustituye la obra poderosa del Espíritu Santo, para depositarla en la capacidad de los hombres.

El propósito del *Coaching* es fortalecer la autodeterminación del individuo, es decir, ayudarlo a ser independiente de cualquier influencia que limite su voluntad y desarrollo. En otras palabras, el coach (entrenador) apoya el deseo de la persona de convertirse en quien desea y de ser lo mejor que pueda con los valores que elija, según más le convenga a sus propios propósitos.

Programación Neurolingüística

La herramienta principal de este tipo de entrenamiento es la Programación Neurolingüística, la cual consiste en decir de manera audible decretos, declaraciones y afirmaciones positivas tales como "atraigo bien para mi vida", aplicando de esta forma la ley de la atracción lo cual es sumamente nociva y perjudicial para la vida espiritual de los verdaderos creyentes en Cristo.

La Programación Neurolingüística (PNL) es una estrategia de comunicación desarrollo personal y psicoterapia, creada por Richard Bandler y John Grinder en California (Estados Unidos), en la década de 1970. Sus creadores sostienen que existe una conexión entre los procesos neurológicos («neuro»), el lenguaje («lingüística»), y los patrones de comportamiento aprendidos a través de la experiencia («programación»), afirmando que estos se pueden cambiar para lograr objetivos específicos en la vida.

La PNL ha sido adoptada por algunos que practican la Hipnoterapia para seminarios dirigidos a empresas y gobiernos. La PNL promueve constantemente como parte de sus propios programas de charlas motivacionales y de auto-ayuda, este tipo de prácticas llevando a las personas a entrar en un estado de trance. También son conocidas como las llamadas "terapias de poder" que ganan popularidad, porque se promueven, al igual que otras pseudociencias, utilizando un conjunto de tácticas de influencia social. Estas terapias incluyen hacer afirmaciones extraordinarias como, por ejemplo, "una cura en una sola sesión para cualquier recuerdo traumático". Este tipo de estrategias son desproporcionadas y juegan con la salud de muchas personas que deparan su confianza en profesionales con una supuesta preparación y una ética a la hora de desarrollar su actividad.

Borgo, A. J. (2006) Programación Neurolingüística: refiere que las pocas herramientas eficaces o teorías más o menos comprobadas de la Programación Neurolingüística no le pertenecen en exclusiva y lo que tiene de novedoso no ha sido comprobado empíricamente. Es más, lo que tiene de novedoso, o parece muy simplista, o contradice lo que dice la ciencia.

Permíteme mencionarte algunos puntos importantes de diferencia que existen entre el *Coaching* (entrenamiento) y la Consejería Bíblica.

El propósito del **Coaching**, incluido supuestamente el Bíblico o cristiano, es ayudar a la persona a liberarse de lo que impide su desarrollo, crecimiento, felicidad, éxito, liderazgo y así "programar" el pensamiento con nueva información útil para lograr sus metas.

Sin embargo, adaptaciones al cristianismo han caído en crear una versión de Dios y el evangelio capaz de ayudar al creyente a alcanzar sus objetivos individualistas, poniendo al centro del yo en vez de Dios. Se enfoca en usar conceptos bíblicos para que el creyente sea mejor persona incluyendo hábitos de alimentación y estilo de vida saludable, actos de caridad, cultivar disciplinas espirituales y cosas similares que combinan conceptos tomados de diversas filosofías y credos.

La **Consejería Bíblica** en cambio, se fundamenta únicamente en la Biblia y su mensaje: conocer a Dios y a Cristo, así como creer en el evangelio de arrepentimiento de pecados para salvación de la muerte eterna, mediante la muerte expiatoria de Jesucristo. Esto lo hace un mensaje dirigido a las personas sin dejar de tener a Dios como su centro y razón de ser.

En el *Coaching* **Cristiano** el énfasis se encuentra (tal como en el Coaching secular), en el desarrollo personal y del liderazgo con la finalidad de crear riqueza, generar influencia sobre otros, mejorar la autoestima y vivir de acuerdo con valores cristianos.

La **Consejería Bíblica** (al tener el evangelio como su plataforma), se centra en liberar a las personas de la esclavitud al pecado y sus consecuencias procurando su transformación por el poder del Espíritu Santo; no solamente a través del cambio de hábitos y pensamientos, sino de su obediencia a la verdad para crecer en santidad el resto de sus vidas terrenales y tener una plena comunión con Dios. Al ayudar a las personas a conocer y vivir efectivamente el Evangelio enseñado en las Sagradas Escrituras.

El *Coaching* **Cristiano**, por lo general, no es cristiano. En el corazón de sus enseñanzas encontramos la promoción de valores positivos asociados con una forma cristiana de vivir, pero centrados en el individuo. Por ejemplo, los *coaches* (entrenadores) cristianos instan a no ser prejuiciosos, a luchar por conseguir objetivos y metas, a decir la verdad, a ser honrado, ordenado, disciplinado, generoso con los demás y otras cosas por el estilo. Para programar estas actitudes y prácticas en la mente comúnmente son utilizados versos de la Biblia.

La **Consejería Bíblica** no usa la Biblia para generar pensamientos positivos en el creyente o promover mejores hábitos, puesto que el problema de toda persona se encuentra en la depravación de su mente y corazón que la mantiene en muerte y oscuridad. Para cambiar esta realidad es necesario llevarlas al arrepentimiento de sus pecados y a que puedan rendirse a la voluntad de Dios, lo cual redundará no en cambios superficiales, sino en pasar de muerte a vida, y en poner los cimientos para que procuren imitar a Cristo cada día de sus vidas.

El *Coaching* Cristiano se basa en el mismo modelo académico de entrenamiento que el *Coaching* de Vida o de Negocios; el cual por ser costoso discrimina a quienes no pueden pagarlo. Es impartido únicamente por gente que obtuvo un certificado y se fundamenta en el lucro de los coach.

La **Consejería Bíblica** es la práctica de la gran comisión dada por Jesucristo. Aconsejar bíblicamente es hacer discípulos de Jesús que amen la voluntad del Padre, no que se amen a ellos mismos, cambiando el amor a sus sueños egoístas, por amar a los mandamientos de Dios. Por lo tanto, es gratuita, cualquier seguidor de Jesús puede ser capacitado para ejercerla y ayudar a nuevos creyentes a conocer y aplicar la Escritura en cualquier área de sus vidas con el propósito de que maduren en su fe y, como consecuencia, sean ellos quienes a su vez discipulen a otros mediante el consejo bíblico desde una perspectiva Cristo céntrica y no humanista.

El **Coaching Cristiano** extrae de la Biblia los conceptos

necesarios para llevar a cabo decretos, declaraciones y afirmaciones positivas. Por ejemplo, es muy común utilizar frases como "esfuérzate y sé valiente", "todo ayuda a bien a los que a Dios aman", "todo lo puedo en Cristo que me fortalece" y "Jehová es mi pastor, nada me faltará" para fijar en la mente pensamientos benignos, pero sin llevar a la persona a reconocer y abandonar su pecado, lo cual sí procura la **Consejería Bíblica**, pues sólo así las personas pueden ser objeto de promesas de la Escritura como las mencionadas.

El *Coaching* **Cristiano** generalmente reclama ser Cristo céntrico por hablar de Jesús y la Escritura, aunque su propósito no sea enseñar a hacer de Cristo el Señor de sus vidas ni a imitarle, como sí es el caso de la **Consejería Bíblica**. En cambio, se trata de una disciplina positiva impulsada por la búsqueda del bien personal que no procura la salvación de quienes la ejercen.

El *Coaching* **Cristiano** es humanista y fundamenta el éxito, liderazgo y desarrollo personal en la práctica cotidiana de disciplinas para la formación de competencias humanas que faciliten escuchar, ayudar e influir en otros con el objeto de que alcancen su máximo potencial y así el individuo sea de bien para sí mismo y otros.

La **Consejería Bíblica** no pretende cambiar a las personas, sino que usa la Escritura para dar a conocer la voluntad de Dios para el ser humano y facilitarle escoger entre obedecer su carne (deseos, instintos, necesidades) o a Dios, confiando en que el Espíritu Santo traerá convicción con el fin de que busquen arrepentimiento de su pecado y, en adelante, vivan una vida agradable a Dios, en santidad e integridad y plenitud de victoria.

Por otra parte es importante observar que en su gran mayoría los coach, continuamente citan expresiones de líderes que tienen que ver con religiones orientales, tales como el budismo, confusionismo, hinduismo y demás conceptos, teorías y enseñanzas de la nueva era.

Todo esto da una señal de advertencia que todo aquello que tenga indicio de mezcla y confusión, es por consiguiente un principio babilónico y la Biblia advierte de una forma sólida, lo que los verdaderos cristianos tienen que hacer para contrarrestar esta tendencia de engaño y mentira y lo afirma por medio de este texto bíblico:

2 PEDRO 2:18-19
Pues hablando palabras infladas y vanas, seducen con concupiscencias de la carne y disoluciones a los que verdaderamente habían huido de los que viven en error. Les prometen libertad, y son ellos mismos esclavos de corrupción. Porque el que es vencido por alguno es hecho esclavo del que lo venció.

13

¿ES DIOS SOBRENATURAL O TODOPODEROSO?

Dentro de muchas iglesias cristianas se ha puesto de moda el tratar de identificar el poder de Dios y toda su obra milagrosa, utilizando un término generalizado como lo es la palabra, –*sobrenatural*–.

Muchos lo hacen sin entender si es contextual o teológica el hecho de usarla. Generalmente expresan esta palabra pensando que es apropiado para referirse a todo lo milagroso y poderoso que ejerce Dios. Lamentablemente, esta expresión ha tomado tanto auge en la actualidad, que ahora a toda obra que Dios en su naturaleza divina fluye, lo llaman *sobrenatural*.

Esta es la razón por la cual he sentido la preocupación de aclarar sobre este tema, explicando a la luz de las Sagradas Escrituras que no hay evidencia para poder utilizar la palabra sobrenatural. Bíblicamente, no está mencionada en ninguna parte, ni tampoco posteriormente en las enseñanzas doctrinales.

Si el mover de Dios obedece a un plan trazado y a las promesas dadas por Dios, lo más natural es que se cumpla lo que el Todopoderoso determinó por medio de su propia Palabra. Para entender mejor, debemos analizar lo que dice el diccionario acerca de lo que es *natural* y como lo define: "Es la existencia de un hecho que es predecible, lógico o razonable, porque ocurre normalmente". De manera que todo lo que Dios hace, al estar contenido en sus promesas, se convierte en un hecho natural. Es natural y no *"Sobrenatural"*, que al usar la fe en la Palabra, tomando la autoridad dada por Jesucristo a su Iglesia, ocurran milagros, señales y prodigios.

Si Dios es el que obra, y manifiesta el cumplimiento de su propia Palabra; lo natural es que ocurra aquello que el determinó por medio de la misma.

Aquellos que Dios ha llamado para hacer las obras, también son capacitados para realizarlas. Esto es algo divino, a través de la impartición de los dones por dirección del Espíritu Santo. De manera que el mover de Dios en la vida de la iglesia, para nada obedece a un *fenómeno sobrenatural*, sino más bien, a la manifestación divina de la presencia de Dios a través del Espíritu Santo.

El Origen de la Palabra Sobrenatural

Lo *sobrenatural* se refiere a todo aquello que no sigue las reglas conocidas de la naturaleza o que supera sus límites. Este término se aplica a todo lo que no se puede explicar, como apariciones de espíritus y otros fenómenos paranormales; lo cual al no tener explicación, se le nombra *sobrenatural*, pero... ¿Acaso lo que Dios hace no tiene explicación? ¿No tenemos una Biblia que revela el obrar de Dios?

Este término, extrasensorial o paranormal es lo que define fenómenos, que no se pueden explicar ni científicamente, ni religiosamente por su propia naturaleza. Comúnmente va asociado a la frase *"fenómenos sobrenaturales"* y esto conlleva al mundo del ocultismo.

Esta palabra es muy usada por las personas que practican el yoga, las religiones orientales, los espiritistas, la Nueva Era y la Cienciología. Con ella se refiere a fenómenos o creencias que se asocian con hechos rechazados en la Biblia por ser abominaciones delante de la presencia de Dios, tales como:

Milagros realizados por los fetiches, hechicería, brujería, magia; contactos con el más allá, prácticas de yoga, meditación trascendental, reencarnación; falsas profecías apocalípticas, médiums en trances; viajes astrales, experiencias con ovnis, posesiones demoníacas, practicas del vudú, aparición de muertos, consulta a espíritus o ángeles guías, vampirismo, fantasma y otros muchos fenómenos considerados paranormales, pero que hoy día son denominados como, sobrenaturales dentro del lenguaje ocultista.

Por lo cual hoy el uso indiscriminado de la palabra sobrenatural, dentro de la terminología cristiana para referirse a Dios y su poder maravilloso, es sumamente preocupante. Sin embargo, pregúntate... **¿es Dios el Todopoderoso o sobrenatural?**

La palabra *sobrenatural* en el diccionario es un adjetivo que se define: como algo que excede los términos de la naturaleza. (del latín: súper, supra "arriba" natura, naturalis "naturaleza") es el término utilizado para definir algo que se tiene por encima; que excede o está más allá de lo que se entiende como natural o que se cree que existe fuera de las leyes de la naturaleza y el universo observable.

Los temas sobrenaturales son a menudo asociados con la idea de lo paranormal y lo oculto.

En las sociedades seculares, los milagros religiosos suelen ser percibidos como afirmaciones sobrenaturales, al igual que los hechizos y maldiciones, la adivinación, y el más allá.

Con esta definición vemos que este término en el lenguaje coloquial está siempre relacionado con lo *paranormal*, y es por eso que esta palabra tan usada comúnmente, hace referencia a la alusión de lo –mágico-, aunque ahora se le quiere añadir, como si fuera divino y es aquí donde se confunden las cosas.

Supernatural

Muchas películas y series televisivas americanas usan el nombre *Supernatural*. El programa más conocido llamado con el nombre Sobrenatural, es el título de una serie de televisión producida en Estados Unidos desde el año 2005, y en un principio emitida a través de WB Televisión Network. En ella los personajes divinos se entremezclan con todo tipo de historias del más allá, demostrando claramente cómo este término, es asociado directamente con el ocultismo. Los brujos y hechiceros sin embargo se mueven en el mundo de lo sobrenatural; esa es la dimensión donde ellos operan a través de los poderes de las tinieblas.

La aceptación de este programa superó considerablemente las expectativas de sus realizadores, por lo cual dejaron atrás el límite de cinco temporadas para extenderla incluso más allá del doble. La historia trata de dos hermanos que se dedican a investigar y resolver hechos paranormales e imposibles de explicar, generalmente relacionados con leyendas urbanas norteamericanas, o bien de seres sobrenaturales clásicos, como fantasmas, licántropos o vampiros.

Los superhéroes son, sin lugar a dudas, los personajes de ficción que más uso hacen de poderes sobrenaturales, y entre ellos cabe destacar a Superman; dado que se trata de un icono reconocido en todas partes del mundo precisamente por estas características. Gracias a su fuerza descomunal y a la agudeza de sus sentidos, este ídolo nacido en un planeta llamado Krypton es capaz de realizar todo tipo de hazañas que serían imposibles para un ser humano.

Ahora bien, últimamente, en especial en la última década, este término entró en el vocabulario cristiano hispano, en vez de súper en Inglés se usa sobre en castellano, propagándose rápidamente, en especial a través de la música; es más, hay cientos de sitios cristianos que hablan "del dios sobrenatural", "una noche sobrenatural", "caminar en lo sobrenatural", "oración en lo sobrenatural", "actuando en el poder sobrenatural" entre otros. Pero volvamos a la pregunta inicial, ¿es Dios sobrenatural?

¡Por supuesto que no!, porque la naturaleza de Dios es el poder; Jehová es Dios Todopoderoso, esa es su característica principal; Él es Omnipotente, todo lo puede, es parte de su esencia y por ende es su "misma naturaleza".

En otras palabras, el poder de Dios es parte de la naturaleza de Dios. Nuestro Dios es naturalmente Todopoderoso y no *"sobrenatural"*.

¿Está La Palabra "Sobrenatural" en la Biblia?

Esta palabra no aparece en ningún lugar de las Sagradas Escrituras. Cuando se hace referencia a hechos que sobrepasan el entendimiento humano, la expresión normalmente usada es: *Dios hizo extraordinarias proezas con su brazo o maravillosas las obras de Dios, o -portentosas y grandiosas.*

(Deuteronomio 3:24) exclamaciones que solo levantan a Dios y no al hombre.

Observemos la expresión bíblica correcta cuando se manifiesta el poder de Dios por medio del Apóstol Pablo. *"... Y hacia Dios milagros extraordinarios por mano de Pablo..."* (Hechos 19). La palabra *maravilla* se encuentra también en el A.T....Y él contestó:

ÉXODO 34:10

He aquí, yo hago pacto delante de todo tu pueblo; hará maravillas que no han sido hechas en toda la tierra, ni en nación alguna, y verá todo el pueblo en medio del cual estás tú, la obra de Jehová; porque será cosa tremenda la que yo haré contigo.

Aún los Salmos hablan de sus maravillas:

SALMO 136:3-4

...Alabad al Señor de los señores, ...Al único que hace grandes maravillas, Porque para siempre es su misericordia.

El ciego del evangelio de Juan solo sabía que su sanidad era una maravilla:

JUAN 9:30

...Respondió el hombre y les dijo: ...Pues esto es lo maravilloso, que vosotros no sepáis de dónde ha salido, y a mí me abrió los ojos.

La oración primordial de la Iglesia primitiva era que el Señor extendiera su mano, para que se hicieran sanidades, señales y prodigios (Hechos 4:30).

Las Obras de JESUCRISTO se Caracterizan con Hechos MARAVILLOSOS

HECHOS 2:22

*Varones israelitas, oíd estas palabras: Jesús nazareno, varón aprobado por Dios entre vosotros con las **maravillas, prodigios y señales** que Dios hizo entre vosotros por medio de él, como vosotros mismos sabéis.*

En las Palabras del Apóstol Pedro, mencionadas el día de Pentecostés, encontramos tres palabras que el Espíritu Santo utiliza para hablar acerca del poder del Señor. La primera palabra que se utiliza es "maravillas" en griego es /*teras*/. Esta palabra no se refiere a la obra, sino al efecto que produce aquella obra en los pensamientos y emociones del observador. Ese despliegue de poder trascendía todo razón humana y por lo tanto, dejaba a las personas atónitas y llenas de admiración.

Hacedor de Maravillas

Analicemos la expresión del siguiente Salmo:

SALMO 86:10

...Porque tú eres grande, y hacedor de maravillas; Sólo

tú eres Dios.

La razón por la cual Dios es *Hacedor de Maravillas* en este Salmo, es porque Él es Dios. No sólo Él es Dios, sino Él es el único Dios. David dice que *"sólo tú eres Dios"*. También dice que *"Dios es grande."* Por lo tanto, ya que Dios es grande y Él solo es Dios; verdaderamente sólo Él hace cosas maravillosas.

El Salmo 72 afirma esta idea:

SALMOS 72:18
Bendito Jehová Dios, el Dios de Israel, El único que hace maravillas.

¿Qué quiere decir David cuando menciona *maravillas*? En algunas traducciones Bíblicas la palabra *maravillas* aparece referenciada hasta diecinueve veces en los Salmos. La palabra hebrea es la misma para todas estas referencias. Es */pala'/* la cual significa: admirable, insuperable, incomparable, extraordinario, y el hacer cosas asombrosas.

Si Dios nunca hiciere nada, ¿cómo sabríamos que Él si es Dios? La razón por la cual podemos conocer a Dios, es porque Él se ha revelado a nosotros. Esta revelación de Dios en Sí Mismo se encuentra en la creación y en las Sagradas Escrituras.

Tanto en la creación como en las Sagradas Escrituras verás a Dios actuando.

Él actúa de tal manera que nadie más puede hacerlo. En otras palabras: ¡Todas las obras de Dios y sus manifestaciones son gloriosas!. Él manifiesta Su gloria en lo que ha hecho, y en lo que Él hace. Una vez más, es Dios quien se revela a Sí mismo. Dios es perfectamente completo en Sí mismo. No necesita de nada que lo sostenga. Él Mismo es vida. Él es Él. Jesús dijo: *"De cierto, de cierto os digo: Antes que Abraham fuese, yo soy"*. Juan 8:58

Los judíos comprendieron que Jesús se estaba igualando a Dios. La razón era porque Él utilizó el Nombre que distingue a Dios y es el título: YO SOY. Este era el nombre que Dios usó cuando se reveló a Sí mismo a Moisés en la zarza que ardía en fuego y no se consumía (Éxodo 3:14). Nosotros a eso lo llamaríamos una demostración *maravillosa* de Dios; no una obra sobrenatural, porque Él es, divinamente admirablemente maravilloso.

La Biblia en su totalidad es la Palabra de Dios revelada a nosotros. Una palabra en la cual, Él se revela como un Dios que trabaja y actúa. Es necesario que nosotros veamos en la Biblia a Dios trabajando y actuando, porque esto nos conlleva a confiar en Él. Él es digno de confianza. Nosotros podemos estar seguros en este Dios presente e inmutable, único y Todopoderoso.

En Job 38:41 vemos como él se enfrentó a la gloria de Dios y no pudo responderle nada. Prefirió colocar su mano sobre su boca en silencio y contemplar la eterna brecha entre él y Dios. Cuando se utiliza la palabra el poder sobrenatural se interpreta que el hombre es quien hace los milagros, sanidades o portentos y esto es sumamente peligroso cuando el hombre se hace dios a sí mismo.

Mas cuando Dios es el que interviene es natural para El manifestarse y obrar en la forma que solo Él lo puede hacer.

Otra palabra mencionada en Hechos 2:22 es para engrandecer las maravillas del obrar de Dios. Él hace **"prodigios"** que en griego es /*dunamis*/, palabra que también se traduce como obras poderosas. Esta palabra no se refiere solamente a la obra en sí, sino que va más allá, y tiene que ver con el poder o la virtud que origina la obra. Vemos también en el mismo pasaje bíblico, la palabra **"señales"**, que en griego es /*semeion*/, y significa que las obras sirven como señales o son el sello de autenticidad conferido por Dios a Jesucristo. Las tres palabras mencionadas se usan juntas en tres ocasiones (Hechos 2:22; 2 Corintios 12:12; 2 Tesalonicenses 2:9), y describen diferentes aspectos que se notan en la mayor parte de los milagros hechos por el poder de Dios.

Un milagro es una situación, un fenómeno o una acción que no puede explicarse a partir de los principios naturales y que, por lo tanto, es imputado a la participación de la intervención divina de Dios mismo y no del hombre.

En el evangelio de San Juan se utiliza una palabra en relación a los milagros y es la palabra griega /*erga*/, que significa: obra. Es muy significativo ver que estas obras que hizo Cristo, fueron las que dieron testimonio de que Dios le había enviado al mundo (Juan 5:36).

Quiero compartir en este capítulo parte de un artículo muy apropiado al tema, escrito por Celin Castillo Rosales:

DIOS Sobrenatural

¿Es el título sobrenatural atributo bíblico del Dios cristiano?. El título sobrenatural y su relación con el demonio sobrenatural Metatron. Todo comenzó en 1999, en un cuarto oscuro, mientras Santana quería hacer conexión con el mas allá, una experiencia que traería como desenlace, que aquel guitarrista famoso pero de capa caída resurgiera como tromba. Todo parecía normal, cuando de repente, un ser sobrenatural, intenta comunicarse con el guitarrista Santana, esto, a través de una médium que serviría de puente para el dialogo, él, (Santana) asustado por aquella revelación, pero muy ansioso, comienza a escuchar detenidamente la petición de aquel ser extraño, que a la vez, se presentaría como Metatron, éste le encargaría una misión, grabar un álbum con el Título "Supernatural" en español "sobrenatural". Esto lo dijo el propio protagonista en una entrevista para la revista "Rollingstone",(1)..Milagrosamente -lo dice él-, porque este disco surge por inspiración divina. "Todo lo relacionado con este disco ha salido de una forma supernatural y divina", afirma. "El ángel Metatrón me dijo durante una meditación que debía hacer este álbum para recordar que los seres humanos no somos sólo carne, sino seres espirituales...Vas a estar en las frecuencias de radio con el propósito de conectar las moléculas con la luz. De esta forma el nombre "SOBRENATURAL", comienza a cautivar las mentes. Esta influencia Metafísica y de tono espiritista, causó uno de los mayores éxitos en la carrera de Santana, ganó 15 veces el premio platino en los EE. UU., nueve premios Grammy y 3 premios Grammy Latino.

Su canción "Smooth" fue la número 1 en el Billboard hot 100 durante 12 semanas y su canción "María María" duró 10 semanas, y un aproximado de 25 millones de copias vendidas.(2) Pero el éxito mayor sería la gran promoción de aquel ángel (demonio), de sobrenombre "Supernatural" o "sobrenatural". Pero la cadena no terminaría allí, en el 2005 inicia la serie televisiva llamada "SUPERNATURAL" o "sobrenatural" en español, serie que ha rebasado las expectativas de audiencia llegando a su octava temporada en el 2012. Sucesos paranormales, pactos con demonios, posesión demoniaca, apariciones sobrenaturales entre ellas la de Metatron, un Apocalipsis mitológico, es lo que encierra esta serie, la intención se estaba plasmando, era el promover el mundo sobrenatural, como algo común, el hacer que las personas comiencen a hablar el lenguaje místico, negativo y oculto de lo sobrenatural. Desde películas como Dogma, entre otras, hasta juegos para niños como el juego de Xbox y PS3, Llamado "el Shaddai la ascensión de metatron", en donde un hombre de nombre Noé lucha hasta convertirse en un Ángel llamado Metatron. Un nombre enigmático, un ser conocido solo en el mundo del espiritismo, comenzaba a revelarse al mundo abiertamente. ¿De dónde surge este ser "sobrenatural "llamado Metatron?

Pues, surge de la Biblia de los cabalistas Judíos, una rama mística de Judíos enfocados en prácticas ocultistas, de su Biblia llamada "El Zohar", también se hace mención de él, en el libro Apócrifo de Enoc. Según el Zohar, este era el rey de los ángeles, también dice, que Enoc, luego de caminar con Dios, fue transformado en este ser "sobrenatural" (Zohar 43, Balac 6:86). El Zohar Bereshit 51:474 dice que cuando Enoc estaba en la Tierra, se dedicó a escribir un libro que contenía los secretos de la sabiduría hasta que fue llevado al Cielo para convertirse en ángel. Dios le permitió a Enoc continuar este mismo ministerio en el Cielo. En el Zohar Bereshit 51:475 dice que todos los SECRETOS SOBRENATURALES fueron puestos EN LAS MANOS DE METATRÓN y que ÉL LOS PONÍA EN LAS MANOS de quien los mereciera. Lo que comenzó con Carlos Santana, la serie televisiva "Supernatural", y otras películas, el juego ps3 del Shaddai la ascensión de Metatron, además de las practicas ocultistas de los judíos Cabalistas y el mundo del espiritismo que también consultan lo sobrenatural o supernatural, se consumó con la propaganda y mención continua que hoy se hace del nombre "sobrenatural" en los púlpitos cristianos, ya sea consciente o inconscientemente. Las consecuencias, pues son las esperadas, que algunos incautos comiencen a predicar este nombre sobrenatural desde sus púlpitos, sin previo análisis, siendo importadores ciegos que caminan hacia el abismo doctrinal. Lo cierto es que Satanás está cumpliendo su objetivo, ya que Meta (junto) Tron (trono) está siendo invocado y nombrado por todo el mundo, sobre todo en los púlpitos cristianos. Este ser Sobrenatural de nombre Metatron, no es más que una manifestación del Satanás de la Biblia, ese deseo de estar en el trono de Dios, y ser semejante a él, fue lo que provocó su caída, veámoslo en la Biblia: Isaías 14:12 "¡Cómo caíste del cielo, oh Lucero, hijo de la mañana! Cortado fuiste por tierra, tú que debilitabas a las naciones. 14:13 Tú que decías en tu corazón: Subiré al cielo; en lo alto, JUNTO a las estrellas de Dios, LEVANTARÉ MI TRONO, y en el monte del testimonio me sentaré, a los lados del norte;14:14 sobre las alturas de las nubes subiré, Y SERÉ SEMEJANTE al Altísimo. 14:15 Mas tú derribado eres hasta el Seol, a los lados del abismo". Aquí entendemos la etimología del nombre Metatrón de una manera explícita, ese deseo de querer estar "Junto al trono" fue lo que le llevó a su caída, la dimensión de este ser sobrenatural no era la misma de Dios, era su ambición el ocupar el "monte del testimonio".

El título sobrenatural es metafísico de influencia negativa no positiva, es del mundo ocultista y no del cristianismo. Basta con un simple diccionario para darnos cuenta el sentido metafísico del término sobrenatural, en el sitio web de Wikipedia entre uno de los comentario sobre ello dice: En las sociedades seculares, los milagros religiosos suelen ser percibidos como afirmaciones sobrenaturales, al igual que los hechizos y maldiciones, la adivinación, y el más allá. Características de los fenómenos propuestos como sobrenaturales son la anomalía, la singularidad, y falta de control....El diccionario Larousse, define lo sobrenatural como: algo Que no sigue las reglas conocidas de la naturaleza o que supera sus límites: Sabemos que el mundo sobrenatural es muy explotado por los espiritistas y los que practican las ciencias ocultas, el mismo Wikipedia lo asocia con El Esoterismo, la Metafísica, la Metapsíquica el Ocultismo lo Paranormal y la Parapsicología.(3) Esta influencia negativa que está invadiendo el púlpito cristiano debe ser discernida y expulsada de la boca de cada creyente en Cristo que no quiera tener relación con lo oculto. ¿Porque hace algunos años no se escuchaba pregonar la palabra "sobrenatural" desde los púlpitos cristianos?... Sencillo..., porque, se está contagiando a muchos que ignoran el real significado de este título maléfico. Antes se decía "Dios me sanó con su poder", "El Dios Todopoderoso hizo el milagro", ¿Cuantos alaban al Todopoderoso?, hoy muchas de esas afirmaciones se han cambiado por frases metafísicas como:

"Lo sobrenatural te cubrirá, o cree que lo sobrenatural viene, o siento su poder sobrenatural", ¿cuántos alaban al Dios sobrenatural?, entre tantas, sin saber que son expresiones del mundo espiritista, mezcladas dentro del lenguaje cristiano. ...Es hora de quitar esa palabra "sobrenatural" de los púlpitos cristianos, ya que es negativa, esotérica y evoca a criaturas demoniacas como Metatron antes que al verdadero Dios. Se le debe poner fin a toda práctica ocultista disfrazada ...No sea hallado en ti nadie que haga pasar a su hijo o a su hija por el fuego, ni quien practique adivinación, ni hechicería, o sea agorero, o hechicero, 18:11 o encantador, O MÉDIUM, O ESPIRITISTA, ni quien consulte a los muertos. 18:12 Porque cualquiera que hace estas cosas es abominable al SEÑOR; Deuteronomio 18:10 (BA).
En Resumen:

1) El título "sobrenatural" es la promoción del demonio Metatrón y el mundo sobrenatural del diablo, es parte del engaño de satanás que las personas vean esta dimensión como algo inofensivo y bueno.

2) Este título "sobrenatural" es totalmente negativo y muy usado en el ocultismo y el espiritismo, cosa que Dios condena en su palabra.

3) El diablo, los demonios y los ángeles son del mundo sobrenatural, por eso no podemos decir que es la dimensión de Dios, ya que Dios habita sobre cualquier dimensión desde la tierra hasta el cielo, Dios está sobre todo.

4) La intención del seudo movimiento Apostólico al promover a un dios Sobrenatural, solo es una confirmación del espíritu del Anticristo de negar que Jesucristo ha venido en carne y quiere una relación natural de cara a cara con él.

5) Dios no quiere Tabernáculos místicos para encontrarnos con él, ni, que lo busquemos en la nube o la atmosfera, el sacrificio de Jesucristo fue suficiente, solo se requiere fe, una frase, una oración y el responderá a nuestro llamado, el prometió que donde dos o tres están reunidos en su nombre allí el está en medio de ellos.

6) La mención del dios "Sobrenatural" solo sirve para restarle atributos a Dios, desviar la mirada de la persona de Dios y ver el instrumento que el usa, es una forma de usarlo en lugar de Adorarlo.

7) dios "sobrenatural" no es Atributo Bíblico, al contrario es totalmente anti bíblico ver las obras de Dios y sus actos divinos como místicos, y de la dimensión sobrenatural.

Las Teología Bíblica Exalta la Omnipotencia de Dios

¿Qué es la Teología Bíblica? Es un tratado o discurso razonado respecto a Dios. Es la explicación de la fe o un discurso acerca de la fe. La palabra Teología se deriva de los vocablos Theos-Dios y Logos-tratado o estudio. También es: El estudio de la doctrina Bíblica; es el conocimiento de Dios relacionado con el hombre y todo lo que Dios ha creado. La Teología se le denomina ciencia, porque trata con hechos y verdades relacionadas con Dios y los asuntos divinos; y también porque presenta las verdades en forma lógica y ordenada. Existen por lo tanto fundamentos firmes y sólidos para discernir y entender por la Biblia lo que es la naturaleza de Dios.

Los Tres Atributos de Dios son: Omnisciente, Omnipresente y Omnipotente.

Esto significa que Dios conoce todas las cosas; está en todo lugar y es Todopoderoso. Estas expresiones representan una trinidad de atributos de Dios que te ayudan a entender mejor Su naturaleza. Al estudiarlos, podrás ver más claramente la majestad y alcance de lo maravilloso que es Dios.

Omnisciencia

1 JUAN 3:20
...mayor que nuestro corazón es Dios, y Él sabe todas

las cosas.

Cuando se dice que Dios es Omnisciente y que Él sabe todas las cosas, se está refiriendo a que el conocimiento de Dios es perfecto, y que siempre lo ha tenido por toda la eternidad. Él conoce todo lo que sucede en todo lugar y en todo momento. No existe nada que Dios no conozca. Aún hay más: Dios conoce todo antes que exista, lo que significaría que Dios conoce todas las cosas tanto potenciales como actuales. En el perfecto conocimiento de Dios también se incluye Él mismo. Él se conoce a sí mismo en forma perfecta y completa. Dios no mira el futuro para ver lo que sucederá y aprender del mismo. Esto violaría la Omnisciencia de Dios. Dios no sostiene; como afirma el Teísmo abierto una restricción acerca de Sí mismo en cuanto a Su conocimiento de las escogencias futuras relacionadas con las personas.

Decir que Dios no puede conocer el futuro sería también una violación de la Omnisciencia de Dios, ya que, para Él, el futuro no existe. Sin embargo, no concluimos que el conocimiento infinito de Dios significa que Él conozca pecado. El conocimiento de Dios significa que Dios conoce todas las cosas, y que Él sabe acerca de todas las cosas. Pero Él, no conoce pecado en el sentido de que lo haya experimentado.

Omnipresencia

SALMOS 139:7-10
¿A dónde me iré de tu Espíritu? ¿Y a dónde huiré de tu

presencia? Si subiere a los cielos, allí estás tú; Y si en el Seol hiciere mi estrado, he aquí, allí estás tú. Si tomare las alas del alba Y habitare en el extremo del mar, Aún allí me guiará tu mano, Y me asirá tu diestra.

Cuando se dice que Dios es Omnipresente, se está afirmando que Dios existe en todo lugar y en todo tiempo. Él no se encuentra limitado por el tiempo ni por el espacio. Esto no significa que el universo es parte de Dios o que Él es parte del universo, ni tampoco que se encuentra desparramado por todo el universo. Esto quiere decir que todo lo que existe no es antes que Dios y es conocido por Él. Dios está en todo lugar, y en todo tiempo.

Omnipotencia

JEREMÍAS 32:17, 27

¡Oh Señor Jehová! he aquí que tú hiciste el cielo y la tierra con tu gran poder; y con tu brazo extendido, ni hay nada que sea difícil para ti; ...He aquí que yo soy Jehová, Dios de toda carne; ¿habrá algo que sea difícil para mí?

Cuando la Biblia declara que Dios es Omnipotente lo cual significa Todopoderoso; esto revela que Dios puede hacer todas las cosas relacionadas con Su naturaleza. Este es un punto muy importante de entender ya que no está diciendo que Él puede hacer todas las cosas concebibles, sino que Dios puede hacer aquellas cosas que son consistentes con Su propia naturaleza, ya que para El no existe absolutamente nada imposible. Por lo tanto, Dios no puede violar Su propia naturaleza. Es por eso que decimos que Dios tiene el poder para escoger y llevar a cabo todo aquello que es consistente con Su perfecta naturaleza.

Aplicación

Solo Dios posee Omnisciencia, Omnipresencia y Omnipotencia. No existe nadie en ningún lugar ni en ningún tiempo que posea estas cualidades divinas. Debido a que Él tiene estas habilidades, existen conclusiones lógicas que se pueden determinar a partir de éstas:

- Debido a que Él es Omnipotente, Él tiene el poder de llevar a cabo cualquier cosa que Él desee. Él puede crear, cambiar o destruir los cielos de los cielos y todo lo que se encuentra en éste.
- Debido a que Él es Omnipresente, nada se esconde de Él.

Esto incluye tanto las dimensiones como el tiempo, ya sea éste, el pasado, el presente o el futuro; cada forma de existencia; un pensamiento, una acción o una sustancia. Debido a que Él es Omnisciente y conoce todas las cosas, tanto las presentes como las potenciales. Aún más, negar la Omnisciencia de Dios es negar Su Omnipresencia. Para que Dios pueda conocer todas las cosas, Él debe estar en todo lugar en todo tiempo: el pasado, el presente y el futuro. Si la

Omnisciencia de Dios es negada, lo mismo será Su Omnipresencia.

Si la Omnisciencia y la Omnipresencia son negadas, entonces, este dios no es el Dios de la Biblia. Finalmente, y debido a que Dios es Omnipotente, Omnipresente y Omnisciente, Él puede crear cualquier cosa que desee. Su perfecto conocimiento y completo control de todos los objetos y acciones reales; incluyendo el conocimiento y el control de todas las posibles combinaciones de hechos de todos esos objetos y acciones. Esto significa que puedes creer que Dios trabaja Su voluntad en tu vida, ya que Él es también amoroso y bueno.

14

¿ESTÁ DIOS ILEGAL EN LA TIERRA?

Es muy común en estos tiempos actuales que muchos declaren que hoy se vive una temporada bajo una *nueva revelación*. Este criterio es acompañado por un evento llamado seudo-reforma, que no tiene nada que ver con la forma histórica y fundamental en la que muchos han entendido el cristianismo.

Esta tendencia de una *nueva revelación*, es aquella que mantiene un gran sector de la iglesia profesante que esta cautiva bajo su dominio; se jactan de traer lo novedoso y actual; pero todo esto va en contra de las bases sólidas en las que el cristianismo fue afirmado y sostenido. Hoy más que nunca en el avance del misterio de la iniquidad, se ha propagado una enseñanza herética, siendo una ramificación más de la apostasía generalizada en los postreros días.

A muchos cristianos, se les estaba haciendo creer, que Dios no podía hacer nada en la tierra, porque Él estaba ilegal, y por lo tanto, necesitaba el permiso del hombre para poder manifestarse y obrar. Esta enseñanza es llamada, "El Dios ilegal". Es sumamente preocupante y alarmante, que se subestime la influencia de la ignorancia bíblica.

Hoy son miles los que caen en la red y trampa del engaño y la confusión, desviándose progresivamente del verdadero camino.

Generalmente se cree que los genuinos siervos de Dios, pueden discernir el error, y a la vez, combatirlo alentando al pueblo de no caer en tales enseñanzas. Sin embargo, los que deberían cuidar el rebaño del Señor, no los están alertando de tales herejías.

Objeciones de la Enseñanza

Estas son algunas de las afirmaciones que sostienen lo que siguen la creencia de *El Dios ilegal*:
- Dios está limitado por su palabra.
- Dios es un ser espiritual, por eso, está ilegal en la tierra y no puede hacer nada sin que el hombre, quien sí está legalmente aquí no le dé permiso.
- Dios es soberano hasta que El abre la boca.
- Cuando Dios habla, deja de ser soberano porque tiene que atarse así mismo a la palabra que Él ha hablado".
- Dios le pidió a María que le prestara su vientre para que Jesús naciera y fuese de esa manera legal en la tierra; después de este acontecimiento Dios recibió el permiso de María y fue entonces cuando pudo entrar a su cuerpo.
- Describen a Cristo teniendo una conversación con el diablo en el infierno, en la cual el enemigo se sorprende al ver a Cristo venir hacia él y le

dice que está ilegal en ese lugar; a lo que Cristo le responde: yo estoy legal porque el cuerpo de Jesús está muerto allá arriba.

- La oración es como el permiso que se le otorga a Dios.
- Dios no te usa porque tú eres puro, sino que te usa porque Él está atrapado.
- La sanidad física es para ayudar a Dios.

Estudiemos más a profundidad cada uno de estos conceptos:

- Dios está limitado por su Palabra:

Cuando Dios habla, establece, crea, da vida, fortalece y saca de la oscuridad el alma; esto y mucho más hace la Palabra que sale de su boca. Él no se ata a sí mismo; su Palabra es Espíritu de vida -la vida eterna-. Cuando Dios da salvación del alma, hay sanidad y liberación.

Jesús enseñó a sus discípulos a orar, trayendo una realidad básica para cada ser humano. Cuando expresó lo que el hombre necesitaba diariamente, dijo: *"El pan nuestro de cada día dánoslo hoy"*, la Palabra "cada día" se refiere a una necesidad diaria que es constante y necesaria. La palabra pan, se refiere tanto al alimento físico como a Jesucristo, el Pan de vida. *El Señor es el pan de Dios,* que es la Palabra que sale de su boca cada día, para nuestras vidas. Este pan divino es fundamental para darnos las fuerzas espirituales, que necesitamos para seguir adelante, confrontando las desavenencias de la vida. Jesucristo es el pan que descendió del cielo. Él es la Palabra Viva de Dios, Él sustenta la creación; el Universo entero necesita a cada minuto de su vida para seguir extendiéndose.

En otras palabras, lo que pedimos al Padre en esta oración, no es el pan que sube de la tierra, sino el pan que *descendió del cielo*, Cristo, la Palabra viviente y las Escrituras, la Palabra escrita. Es por ello que verdaderamente vivimos.

- Dios es un ser espiritual, por eso está ilegal en la tierra.
En Génesis 1:26 nos dice lo que Dios declaró al formar al hombre: *"hagamos al hombre a nuestra imagen y semejanza y que tenga dominio sobre la tierra"*. Esta falsa enseñanza bíblica afirma que Dios es un ser espiritual, por eso, está ilegal en la tierra; también dice que Dios no puede hacer nada hasta que el hombre le dé permiso, porque el sí está legal en la tierra pues fue Dios el que le dio al ser humano el dominio sobre la misma.

El profeta Jeremías estableció las bases para contrarrestar esta tendencia de error, con esta pregunta.

JEREMÍAS 23:23-34
...¿Soy yo Dios de cerca solamente, dice Jehová, y no Dios desde muy lejos? ¿Se ocultará alguno, dice Jehová, en escondrijos donde yo no lo vea? ¿No lleno yo, dice Jehová, el cielo y la tierra?

- Dios es soberano hasta que abre la boca:

Dios nunca dejó de ser *soberano,* porque Dios es eterno, firme y verdadero para siempre, no se muda ni cambia, y Él nunca dejará de Ser. El apóstol Pablo exhortó a su discípulo Timoteo, a que se guardara sin mancha -hasta la Segunda Venida de Cristo-, el mandamiento que aprendió de él y nombró a Cristo como el *solo Soberano, Rey de reyes, y Señor de señores,* el único que tiene inmortalidad, que habita en luz inaccesible; y a quien ninguno de los hombres ha visto ni podrá ver jamás. (1 Timoteo 6:14-16).

¡Dios nunca dejará de ser soberano, porque es el único que tiene inmortalidad! Y además Él da vida eterna a quien quiere. Si comparas lo que le dijo el diablo a Jesús en la tentación, entenderás que es Satanás quien cree que tiene "derecho legal" de dar lo que tiene a quien él quiera...*Y le dijo el diablo: A ti te daré todos estos reinos, y la gloria de ellos; porque a mí me han sido entregados, y a quien quiero los doy.*

Más tarde Jesús en la puerta del templo comenzó a enseñar... *mis ovejas oyen mi voz, y yo las conozco...y yo les doy vida eterna. Mi Padre que me las dio es **mayor** que todos y nadie las puede arrebatar de mi mano.* (Juan 10:27,29). ¿Cómo es, que el **mayor** de todo lo creado, que está por encima de todo con poder y Majestad, puede pedir permiso al sirviente de lo que debe o puede hacer? ¿Acaso no es algo maligno, menguar la grandeza del Dios Altísimo?

- Dios le pidió a María que le prestara su vientre para que Jesús naciera.

Razonemos un poco esta afirmación: ¿De verdad Dios necesita un permiso especial del hombre para manifestarse y actuar en la tierra? Aún se atreven a decir que *"Dios no te usa porque tú eres puro, sino que Él te usa porque él está atrapado."* Con esta afirmación quieren destacar que Dios no puede intervenir en la tierra sin un humano.

- La oración es como el permiso que se le otorga a Dios:

La creencia del permiso dado a Dios por medio de la oración, quiere decir que Él está limitado y la oración fue creada a causa de esa limitación de la Palabra de Dios. Hasta se llegó a decir que Dios es soberano hasta el momento que Él habla, pero cuando lo hace, se atrapa a sí mismo por lo que dice.

Los que sostienen esta creencia afirman: *"Dios es ilegal en la tierra, porque el hombre es el que esta legal en la tierra".*

Esto afirmación la sacan de los textos del Génesis cuando Dios tiene un encuentro con Abraham, refiriéndose de esta manera que fue Dios quien tomo la iniciativa de buscar permiso de parte del patriarca, para destruir o no, las ciudades de Sodoma y Gomorra; esta es la versión *"...Abraham, voy a destruir a Sodoma y Gomorra. La cual Abraham le pregunta ¿por qué vienes a mí? ...y Dios le contesta: "necesito un humano, necesito alguien que me dé permiso", y Abraham coopera con Dios haciendo un negocio con Él. Seguidamente Abraham lo piensa y decide: -¡está bien Señor! es suficiente, ve y destrúyelos. Dios le da las gracias y se va hacer su trabajo.* ¿No crees que todo esto sea algo absurdo y sin base de la verdadera interpretación Bíblica?

Para contrarrestar esta falsa interpretación, se necesita saber que Jehová consideraba Abraham como su amigo y quiso decírselo antes de hacerlo. Simplemente Abraham, intercedió ante Dios para evitarlo, sin embargo no hay suficiente ¡clamor ante Dios! para detener su decisión. Lo que Él decidió hacer, nadie lo pudo impedir. Muchas veces Dios tiene misericordia cuando hay arrepentimiento fidedigno. Como el ejemplo del Rey Ezequías, que cuando se arrepintió, Dios le concedió quince años más de vida.

- La sanidad física es para ayudar a Dios:
¿Por qué Dios sana la gente? Según la tendencia de esta apostasía, la sanidad física ocurre a raíz de una necesidad de Dios; no porque Él nos ama, sino porque está necesitando un cuerpo para manifestarse; porque Dios es Espíritu y busca un cuerpo.

Ellos dicen que Dios no sana, ni tiene misericordia o compasión de nadie; sin embargo la Biblia dice lo contrario; Dios sana a mucha gente en respuesta a la oración y lo hace por dos razones principales: Por compasión y misericordia.

Las palabras de Jesús fueron: *"Sin mi nada podréis hacer"*, pero eso es cambiado en este tipo de enfoque (que es algo totalmente anti-bíblico), torciendo la Palabra de Dios. Ellos lo cambian así: *"sin vosotros, yo nada puedo hacer"*.

Los seguidores de El Dios ilegal afirman: *"no es el hombre quien está atrapado en un cuerpo de muerte, sino Dios quien está atrapado fuera de su creación, en un mundo sin cuerpo y necesita que los hombres le hagan el favor de dejarle entrar; de sacarle de esa desesperante condición y liberarle de su entrampamiento"*.

¡Bajo ningún concepto, esto es verdad!, todo lo contrario, es el hombre el que está limitado, porque fue creado un poco menor que los ángeles. Dios es Omnipresente. (Salmo 139:7-8).

¡No Limiten la Grandeza de Dios, por Favor!

Hablemos del verdadero mensaje escrito en la Palabra de Dios; acerca de la soberanía divina, de la oración, de la enfermedad, del papel del hombre en los diseños divinos. ¿Acaso Dios necesita permiso humano para intervenir y actuar en el mundo que Él mismo ha creado?

Como puedes ver, esto lo que quiere lograr, es distorsionar el concepto de la Soberanía Divina, mientras que —solapadamente-, exaltan al hombre. Este concepto es presentado como una forma de pensamiento para influenciar a los creyentes a no orar y menos buscar al Señor.

No se puede dejar de considerar que lo más afectado dentro de esta corriente de pensamientos; es la soberanía de Dios. ¿Cuál es la verdad establecida en las Sagradas Escrituras?

- Dios es tan soberano como su Palabra hablada y escrita.
- Su Palabra nunca puede limitar a Dios porque Dios es el verbo.
- Dios nunca violará lo que ha establecido por su boca.

Esto, por supuesto podría ser aceptado si la explicación dada fuese la correcta, pero no es así, ha sido malinterpretada. Primeramente, quieren decir textualmente que: *"la soberanía de Dios termina cuando Dios abre la boca"*. Es un gran error por no llamarlo así, una gran herejía.

La Biblia señala a Dios como el que tiene la última palabra, y cuando Él habla, establece su soberanía de tal manera, que nadie puede ir en contra de su propia palabra.

Su Palabra no lo limita, ni *limita* su soberanía sino que la *afirma*. Seguramente tú has escuchado a alguien decir: "...te doy mi palabra o te afirmo por mi propia palabra". La idea de que alguien te hable de esa manera está afirmando, que ha de cumplir irrevocablemente lo que ha dicho. Ahora piensa, ¿Cuánto más Dios? La soberanía de Dios implica que Él *hace* todo lo que quiere en los cielos y en la tierra, eso incluye aun lo que Él habla.

Todo lo que Jehová quiere, lo hace, en los cielos y en la tierra, en los mares y en todos los abismos. Salmos 135:6.

Los hombres ciertamente juran por uno mayor que ellos, y para ellos el fin de toda controversia es el juramento para confirmación. Por lo cual, queriendo Dios mostrar más abundantemente a los herederos de la promesa la inmutabilidad de su consejo, interpuso juramento, para que por dos cosas inmutables, en las cuales es imposible que Dios mienta, Hebreos 6:16-20.

La Palabra de Dios expresa *su querer* y al hacerlo afirma su soberanía.

Cuando estudias la Biblia, te darás cuenta que el nombre de alguien por lo general va fuertemente conectado al propósito o carácter de esa persona. Cuando se trata de Dios, el concepto sigue siendo igual. Veamos por un momento lo que los seguidores de esta falsa creencia opinan de Moisés y su encuentro con Dios.

Ellos afirman: *"...Dios dijo a Moisés, he escuchado el clamor de mi pueblo y he venido a liberarlos, y Moisés le pregunta: ¿Porque vienes a mí? Y Él dice: ...porque tú eres hombre Moisés y necesito tu permiso".*

En Éxodo encontramos esta narración; sin embargo en ningún lugar vemos estas palabras escritas como aquí se plantean, o que Moisés es el que haya tomado la iniciativa del asunto; más bien Moisés se negó a ir a donde Dios lo envió, porque se creía incompetente para hablar frente al Faraón. Dios le dijo que debía ir, porque Él lo había escogido para hacerlo. Dios se reveló a Moisés como "YO SOY EL QUE SOY"; Moisés se encontró con El mismo Dios. Este nombre tiene que ver con la auto existencia de Dios. Denota: *Yo soy el que es y el que será.* Él permanece siendo el Dios en todas las edades, tiempos y siglos. No necesita del hombre para tomar decisiones o responsabilidad.

Encontramos algo bien importante en el siguiente Salmo:

SALMOS 138:2
Me postraré hacia tu santo templo, y daré gracias a tu nombre por tu misericordia y tu fidelidad; porque has engrandecido tu palabra conforme a todo tu nombre.

Cuando Dios habla, su Palabra es una expresión de su propia voluntad, por lo tanto su hablar expresa, su decisión y carácter. Por eso es que el Salmista dice que *la Palabra* de Dios es conforme a su *Nombre.* Dios no habla por hablar, lo que dice expresa su persona, su carácter, su poder, su magnificencia, su voluntad y su soberanía.

¿Estará Dios Limitado Por su Palabra?

Dios no puede hablar limitándose a sí mismo, como alguien que no tiene control sobre sus propias palabras. Leamos lo que dijo el sabio de los sabios:

ECLESIASTÉS 5:2-7

"No te des prisa a abrir tu boca, ni tu corazón se apresure a proferir palabra delante de Dios, porque Dios está en el cielo, y tú sobre la tierra. Sean, por tanto, pocas tus palabras. Porque de las muchas ocupaciones vienen los sueños, y de la multitud de palabras la voz del necio. Cuando a Dios hagas promesa, no tardes en cumplirla, porque él no se complace en los insensatos. Cumple lo que prometes.. Mejor es no prometer que prometer y no cumplir. No dejes que tu boca te haga pecar, ni delante del ángel digas que fue por ignorancia. ¿Por qué hacer que Dios se enoje a causa de tus palabras y destruya la obra de tus manos? Pues, donde abundan los sueños abundan también las vanidades y las muchas palabras. Pero tú, teme a Dios".

Decir que Dios "está limitado por su palabra" es condicionarlo y ponerle parámetros, presentándolo como un ser imperfecto que al abrir la boca se equivoca. Lo muestran como alguien que habla a la ligera sin considerar las consecuencias de lo que está diciendo y por esa razón dicen que "Dios no habla mucho".

¿Significa acaso que entonces Dios a sabiendas se propuso limitarse EL mismo, dejando de tener control absoluto como Dios para quedar a merced de sus criaturas?

Si eso hubiera sido así, entonces el hombre se hubiera convertido en Dios y lo dejaría a la merced de su creación; que de paso, debes recordar, que está bajo pecado. ¿Puede Dios violar su Palabra? Hay dos formas en que Dios habla:
- Condicionalmente.
- Incondicionalmente.

La Palabra de Dios condicional puede ser revocada, sin embargo, la Palabra de Dios incondicional no puede ser revocada. (1 Samuel 2:30). Las palabras condicionales de Dios están sujetas a cambios como respuesta a alguna acción del hombre, de ahí que la Biblia dice que Dios se arrepintió. Por ejemplo, la siguiente cita es una declaración que se refiere a la firmeza de Dios en su Palabra de la cual no hay arrepentimiento:

NÚMEROS 23:19
Dios no es hombre, para que mienta, ni hijo de hombre, para que se arrepienta. ¿Lo ha dicho El, y no lo hará?, ¿ha hablado, y no lo cumplirá?

La otra palabra, sin embargo, te muestra el aspecto "condicional" de la Palabra de Dios, en la cual Dios se arrepiente de algo que habló, o que iba a hacer.

JEREMÍAS 26:19

¿Acaso lo mataron a Ezequías rey de todo Judá? ¿No temió a Jehová y oró en presencia de Jehová, y Jehová se arrepintió del mal que había hablado contra ellos? ¿Haremos, pues, nosotros un mal tan grande contra nosotros mismos?

¿Qué Es la Soberanía de Dios?

Lo cierto es que la doctrina de la soberanía de Dios no significa que Dios no escucha la oración de sus hijos. Ningún maestro serio de la Escritura, por mucho que crea en la soberanía divina, puede haber enseñado jamás tal error. Se suele decir que Dios no solamente estableció el fin sino también los medios para ese momento y uno de esos medios tan importantes fue la oración de sus hijos. Por lo tanto, la gente ora porque Dios ha establecido que por medio de las oraciones, se han de cumplir los propósitos divinos tanto en por los que se oran, como en los que están orando.

Dios escucha la oración de sus hijos y la única excepción que la Biblia da para que la oración sea escuchada, es que sea hecha "conforme a su voluntad" (1 Juan 5:14) y eso es lógico y racional. Las oraciones de los creyentes son escuchadas y contestadas cuando van de acuerdo con el plan de Dios para sus hijos que siempre será bueno y beneficioso.(Romanos 8:29).

Por lo tanto si Dios a veces no contesta, es porque simplemente la petición, no va de acuerdo a su buen propósito y voluntad, y aunque tú no lo veas de esa manera, Dios sabe mucho más. La Biblia te presenta a Dios como un Padre que contesta los deseos del corazón de sus hijos: *"deléitate así mismo en Jehová y él te concederá los deseos de tu corazón"* Salmos 37:4.

Esa era la confianza que tenían las personas en la Biblia que venían ante Dios en oración y es la que debes de tener tú también.

Puedes leer por ejemplo la oración de Josafat, rey de Judá. La única razón por la que este rey pudo venir ante Dios en oración es porque reconocía que Él era soberano y que verdaderamente era el único que podía librarle del mal que venía sobre su reinado y toda su nación y por eso, en su oración, tomaba tiempo para nombrar las hazañas y portentos que Dios había hecho en el pasado.

Este rey podía confiar en Dios porque estaba seguro que Él lo había ayudado poderosamente en situaciones anteriores y no dudaba que podría volver hacerlo. El decir "no voy a orar porque Dios es soberano", es simplemente trastornar la realidad del porque oramos y lo que verdaderamente significa la soberanía de Dios y su reacción ante el clamor de sus hijos. La confianza de Josafat en Jehová Dios, estaba basada precisamente en la soberanía, "gobierno o control absoluto" que Él tiene "sobre todos los reinos de las naciones" y porque "en Su mano hay poder y fortaleza y no hay quien pueda resistirle".

¿Cuál es Entonces la Doctrina Bíblica de la Soberanía de Dios?

El *Diccionario Bíblico Easton,* define la soberanía de Dios de la siguiente manera: "Su derecho absoluto a hacer todas las cosas de acuerdo a su propio placer". Otra definición de soberanía es esta: "Ser soberano es poseer suprema autoridad y poder de tal manera que uno está en total control y puede hacer todo cuanto desea." Finalmente la soberanía de Dios es presentada en 2 categorías:

- Propiedad – Todas las cosas son de Dios; la creación y todo lo que esto conlleva, y nada de lo que existe está fuera de su posesión. La soberanía de Dios es más que algo simplemente teórico, es algo real. Cuando tu oras a Dios lo haces porque sabes que El 'puede' en realidad resolver tus problemas y lo hace. Dios tiene propiedad, autoridad y control de todas las cosas, por eso puedes orar a Él. Solamente cuando reconoces la soberanía de Dios sobre todas las cosas, puedes orar confiadamente (en fe) sabiendo que estas acercándote a alguien que de verdad podrá resolver tus problemas porque Él está por encima de todas las cosas y tiene control absoluto de todo.

- **Autoridad** – Dios tiene el derecho de imponer Su voluntad en sus criaturas. Sin embargo, su voluntad no es caprichosa, sino que está en línea con Su naturaleza la cual es perfectamente santa y justa. Nada ocurre que esté fuera de la voluntad de Dios; Él es el Soberano siempre.

¿Cuál Fue el Dominio Dado al Hombre?

Es cierto que Dios ha dado dominio al hombre, pero la pregunta que debemos hacernos es ¿Qué tipo de dominio se le dio, sobre qué y para qué? Tristemente muchas personas creen todo lo que se les dice sin hacer un estudio personal y directo de lo que la Biblia enseña concerniente a los diferentes temas. Una de las virtudes de los genuinos cristianos; aquellos que están edificados sobre la roca, es que son cuidadosos, toman tiempo para "escudriñar las Escrituras para ver si las cosas son así" como se les predica. Eso fue lo que hicieron los discípulos de Berea cuando oyeron a Pablo predicando y eso es lo que debería hacer cada fiel cristiano. El dominio establecido no tiene que ver con la exclusión o ilegalidad de Dios de los asuntos de este mundo, sino con el dominio del hombre como ser creado por encima de todo lo demás -particularmente del mundo animal- (Génesis 1:24-31).

En ningún texto menciona, ni siquiera sugiere, que Dios se sometería a la voluntad del hombre para depender del permiso humano si Él deseaba hacer algo en el mundo.

La Biblia dice que cuando ores debes hacerlo "conforme a su voluntad" y desear que "se haga Su voluntad en la tierra como se hace en el cielo" (Mateo 6). Si lo que pedimos no es conforme a la voluntad de Dios y de acuerdo a lo que Él quiere, entonces no sucederá. Santiago dice que debemos decir "si Dios quiere iremos y haremos esto o aquello: Indicando que si Dios no quiere, los planes no servirán de nada. La Biblia es clara cuando enseña y revela, que es el hombre quien depende del permiso divino para hacer cualquier cosa en la tierra y si lo que este hace no va de acuerdo a "lo que Dios quiere" (eso es desobediencia), se verá en serias consecuencias.

Para entender cómo funciona la voluntad del hombre en relación a la voluntad de Dios, debemos entender que la Biblia clasifica los planes de Dios en tres áreas principales:
1. Decretos.
2. Mandamientos.
3. Promesas.

Los decretos divinos se han de cumplir indiscutiblemente porque Dios así lo ha determinado. Los mandamientos son órdenes que Dios da a los hombres sobre el deseo de su voluntad para su comportamiento; estos a menudo fallan en cumplirse a causa de la naturaleza del hombre y es conocido como pecado.

Solo Jesús pudo cumplir perfectamente todos los mandamientos de Dios.

Las promesas de Dios son a veces condicionales y otras veces incondicionales. Eso indica que algunas se cumplen si algo ocurre por parte del hombre y otras promesas se han de cumplir porque Dios hará que se cumplan; estas promesas caen bajo los decretos inmutables de Dios.

Muchos de los que enseñan este tipo de ilegalidad de Dios, desafían a las personas diciéndoles, que no existe en ningún lugar en la Biblia donde Dios haya hecho algo sin contar con el ser humano. Con este planteamiento argumentan que Dios necesita *permiso o tener un cuerpo de un ser humano,* para ser legal en la tierra. Dios puso a Adán en el huerto sin pedirle permiso o aprobación. Dios le dio una mujer a Adán sin preguntarle si la quería.

Un rápido repaso en la Biblia nos confirma y demuestra que en repetidas ocasiones Dios intervino soberanamente sin contar con el hombre, es decir, sin tener el permiso otorgado por el ser humano.

Hasta este punto se ha explicado, que el permiso humano no es un requisito para que Dios haga lo que Él quiera hacer en la tierra. También se ha refutado la teoría que Dios no necesita habitar o usar un cuerpo humano para que Él pueda obrar. Hacer a Dios ilegal es como decir que "Dios no tiene derecho". Cuando lees la Biblia te darás cuenta cómo esta tendencia errónea es fácilmente contradicha por la misma Palabra de Dios.

¿Necesita Dios un Cuerpo Físico Para Operar Legalmente en la Su Tierra?

Una de las verdades que Pablo enseñó a los Corintios es la diferencia de cuerpos que existen. *Hay un cuerpo terrenal y hay cuerpo espiritual.* El hecho de que sea espiritual, no descarta que no sea un cuerpo. La idea está en que el cuerpo espiritual es uno de mayor calidad que el cuerpo terrenal. Cuando Pablo se refirió al cuerpo resucitado, dijo que este cuerpo terrenal, sería 'transformado' en un cuerpo de mejor calidad; un cuerpo glorificado.

El cuerpo espiritual no estaría sujeto a las limitaciones del cuerpo usado en la tierra. Jesucristo también hablo sobre el tema de la resurrección diciendo que los resucitados para vida eterna "serán como los ángeles de Dios". Eso es importante porque nos ayuda a entender este tema. Los ángeles son seres creados superiores a los hombres pero en la resurrección, la calidad de los cuerpos será similar.

El cuerpo terrenal de los hombres está limitado a este planeta y no puede funcionar en un plano espiritual, sin embargo el cuerpo espiritual de los ángeles no sufre de tal limitación.

Los ángeles funcionan en un dominio espiritual y pueden entrar al dominio terrenal sin tener que adoptar un cuerpo humano. Por tal razón, es el hombre quien sufre limitaciones y no Dios, ni tampoco los ángeles. Por tal razón en el Antiguo Testamento se dan relatos de apariciones angelicales de ellos conversando y relacionándose con los hombres. A diferencia de esto, los seres humanos, para entrar al plano espiritual deben hacerlo por medio de visiones o un toque de Dios milagroso, en las que los sentidos espirituales son abiertos para poder apreciar las realidades espirituales.

Quizás tu nunca has oído esta falsa enseñanza acerca de Dios pero conoces a alguien que sí la ha oído o la cree; este es el momento para que entiendas que el conocer lo que se mueve en estos tiempos te hará sabio y podrás ayudar a muchas personas que han caído en error.

15

LA CUADRIDIMENSIÓN DE DIOS

La creencia acerca de *"La Cuadridimensión de Dios"* es una doctrina difundida particularmente en Centro América, que también ha alcanzado Norte y Sur América por aquellos que la predican y la han divulgado entre sus congregaciones. La doctrina de *la cuadridimensión de Dios* afirma que Dios es la manifestación de cuatro elementos que componen un todo; cuatro dimensiones o cuatro manifestaciones con diferentes funciones. Tradicionalmente se ha enseñado que Dios es trino -lo cual es cierto-; la trinidad es la manifestación de Dios en el Padre, en el Hijo y en el Espíritu Santo.

Esta enseñanza afirma que en la trinidad hay una manifestación de una entidad más alta que ella misma, y que se le atribuye al /*El Eyon*/. Según este precepto, el Altísimo es más bien la manifestación de *una deidad,* que es más grande y poderosa que el Padre mismo.

Sin embargo Jesús mismo enseñó: *Mi Padre,...es más grande que todos.* **(Juan 10:28-30).**

Esa afirmación de Jesucristo niega que exista cualquier "dios" o "identidad espiritual" que esté por encima del que es, EL MÁS GRANDE DE TODOS. Cuando Jesús nos dio la formula bautismal, y dijo en Mateo 28:19: *"haced discípulos a todas las naciones, bautizándolos en el nombre del Padre, y del Hijo, y del Espíritu Santo"* no nos dijo que solo se hiciera en el nombre de Dios con su *esencia increada;* más bien, se basó en la esencia de Él mismo: Padre, Hijo y Espíritu Santo.

Ningún Apóstol jamás enseñó que existiera alguna esencia fuera de la aprendida en el Antiguo Testamento, y que esta se manifestara en diferentes personas de la deidad. Hablar de cuatro manifestaciones de Dios, es simplemente ir en contra a lo revelado por Jesús y sus Apóstoles.

HEBREOS 1:1-2

Dios, que muchas veces y de varias maneras habló a nuestros antepasados en otras épocas por medio de los profetas, en estos días finales nos ha hablado por medio de su Hijo. A éste lo designó heredero de todo, y por medio de él hizo el universo.

Jesús es, la última revelación de Dios, y lo que el Padre reveló a sus apóstoles, es lo que todo cristiano debe de creer y seguir. Es interesante que esta enseñanza pretende usar el texto de Juan 1:18, para demostrar que a *"este Elyon"*, nadie lo ha visto jamás. Pero veamos lo que el propio Jesús dice en el mismo evangelio durante su última cena con sus discípulos: *...Señor, dijo Felipe, muéstranos al Padre y con eso nos basta. Pero, Felipe! ¿Tanto tiempo llevo ya entre ustedes, y todavía no me conoces? El que me ha visto a mí, ha visto al Padre. ¿Cómo puedes decirme:*

Muéstranos al Padre? Juan 14:8-9

Jesús fue la imagen del Dios invisible. Quien vio a Jesús, vio también al Padre a través de Él.

La enseñanza judaica desde los tiempos de Moisés afirmaba que había un solo Dios: *el Padre*; no existía por lo tanto otro ser más alto que Él. Los discípulos pidieron ver al Padre, pues Jesús les enseñó que verlo a Él, era como ver al Padre. Pablo, dice lo mismo en su carta a los Colosenses 1:15: *Él es la imagen del Dios invisible, el primogénito de toda creación*. Jesús mismo afirmó en Juan 14:28, que el Padre era más importante que Él.

La Deidad Dentro del Judaísmo

No existía ningún concepto de una deidad o presencia más grande que el Señor o *Yahveh* dentro del judaísmo, desde que los Masoretas incluyeron las vocales de Adonay al tetragramaton YHVH. Jesús mismo dijo que el Padre es mayor que Él como ya lo has visto y no una emanación paralela como lo enseña la Cuadridimensión.

Él jamás mencionó que hubiera una autoridad más grande que el Padre, o alguna "esencia increada".

Afirmar tal cosa, no es simplemente tener una falta de revelación, sino más bien, es pretender ir más allá de lo que está escrito; tal y como lo menciona Pablo en su carta a los Corintios:

1 CORINTIOS 4:6
...Pero esto, hermanos, lo he presentado como ejemplo en mí y en Apolos por amor de vosotros, para que en nosotros aprendáis a no pensar más de lo que está escrito, no sea que por causa de uno, os envanezcáis unos contra otros.

El vocablo "El", en arameo significa: Dios fuerte, y "*Elyon*" (Altísimo) es más bien un adjetivo de Dios, y no otra identidad dentro de YHVH.

¿En Qué Consiste la Base de Esta Enseñanza?

Como lo vimos al principio de este capítulo, esta enseñanza afirma que *la cuadridimensión de Dios,* es la manifestación de cuatro elementos que componen un todo; cuatro dimensiones o cuatro manifestaciones de Dios con diferentes funciones. Ellos se basan en el salmo 91 para decir que ahí están los tres nombres de Jehová, más el componente de la palabra Dios en hebreo: *Elohim.* Es decir: *El Elyon*- YHVH- *El Shadday-Elohim.*

El Significado del Nombre El Elyon

Esta confusa enseñanza de *"La Cuadridimensión de Dios"*, afirma que la Trinidad tiene una manifestación más alta llamada */Elyon/* que es una deidad más grande y poderosa que el mismo Padre Celestial. No se debe confundir a Dios, con la descripción de sus muchos nombres, pues estos no personifican a varios dioses sino que son atributos del Dios mismo. El primer mandamiento prohíbe tener otros dioses fuera del creador; por tal razón es incoherente pensar que Dios es la suma de tres dioses o cuatro dioses o siete dioses, pues Él mismo prohíbe tal afirmación.

Cuando nos referimos a los nombres de Dios, estamos revelando su carácter, su personalidad sus cualidades. *El /Elyon/* esto revela su posición tanto de ubicación, como su lugar prominente dentro de lo espiritual. Como cabeza de creación, Dios se sienta –seguro y estable- en el lugar más alto para definir su altura de posición, indiscutible e incuestionable.

Los nombres amplían el conocimiento de su persona y cada uno de ellos refleja una cualidad única y espectacular de las diferentes facetas del Dios Eterno y Todopoderoso.

La Revelación del Nombre del Dios Altísimo – El Elyon

El Elyon es Dios altísimo *y* significa: El Dios más alto; altura, poder y posición. El nombre de Dios */Elyon/* es un atributo divino que denota rango y autoridad; demostrando así su posición dentro de la jerarquía espiritual, celestial y terrenal. Lugar que el creador y eterno desde un principio se lo dio a su misma esencia, -su hijo engendrado por Él- (Salmo 2:7). Primogénito, principio de creación.

Elyon como atributo de Dios significa: "el más alto", el que está por encima de todos. Dios de Dioses y Señor de Señores, tanto en el cielo, en las cosas visibles, como las invisibles en lo espiritual. Cuando Abram viene de derrotar al Rey que había hecho prisionero su sobrino y los cuatro reyes aliados, le sale al encuentro el rey de Salem, Melquisedec, quien bendice al patriarca y exalta a Dios. Es la primera vez que aparece la revelación del nombre de Dios como "*El Dios Altísimo*".

El rey de Salem, reconocía al Dios que adoraba Abraham como *El Elyon* y bendijo a Abraham por causa del más alto. Si el Diablo te obedece no es por causa tuya, es por causa de *El Elyon*.

GÉNESIS 14:18-19
Entonces Melquisedec, rey de Salem y sacerdote del Dios Altísimo, sacó pan y vino; y le bendijo, diciendo: Bendito sea Abram del Dios Altísimo, creador de los cielos y de la tierra;

El atributo del nombre *El Elyon* es un privilegio que solo el Anciano de Días tiene —y que vio Daniel en visión- es Dios sentado en su trono. A Dios nadie lo vio jamás, y fue su hijo Jesucristo quien lo dio a conocer. Pues el que vio a Jesús vio al Padre.

El Dios Altísimo /*El Elyon*/ siempre habitó en las alturas en su Santo monte.

En la primera sublevación, Satanás quiso usurpar esa altura; su meta era poseer poder y gobierno. Él dijo: ¡Subiré! ...este fue el inicio de la iniquidad como pensamiento salido del corazón. Satanás quiso subir a lo más alto, pero fue arrojado a lo más bajo. El creador siempre estará por encima de sus criaturas. También podrás observar esa atribución sublime de Dios, dado en el mensaje del ángel Gabriel a María.

LUCAS 1:35

Respondiendo el ángel, le dijo: El Espíritu Santo vendrá sobre ti, y el poder del ALTÍSIMO te cubrirá con su sombra, por lo cual también el Santo Ser que nacerá, será llamado Hijo de Dios.

Aquí vemos la manifestación del Dios trino, el *Espíritu Santo* viene sobre María, *Dios el Padre,* la cubre con su sombra, y el *Hijo de Dios* comienza a formarse dentro de ella.

Esta profecía angelical recae sobre Jesús en el día de su concepción. *Este será grande, y será llamado **Hijo del Altísimo**; y el Señor Dios le dará el trono de David su padre.* Jesús es llamado "*Hijo del Altísimo*" por el anuncio del ángel Gabriel. Jesús era el Hijo de Dios, Quien al nacer se reafirma su "Título" como *Hijo del Altísimo.* Esta es la razón del porqué, Dios no comparte su gloria con nadie, porque sólo a Él le pertenece toda la gloria y todo el poder. *El Dios que permanece en sí mismo,* es el único Altísimo, nadie más, ni ángel ni querubín, ni hombre, está a su altura.

Salmo 91:1. *El que habita al abrigo del Altísimo /El Elyon/ morará bajo la sombra del Omnipotente,* (Todopoderoso /El Shaday/). El ser El "Más alto", o el "Todopoderoso", son atributos de Dios.

Así que cuando mencionas a *El ELYON*, estás diciendo: El único Dios verdadero; único en poder, comprometido en unidad, y el más alto en poder, estatura y morada.

[*El Elyon*] está esperando que subas a su presencia, que subas al monte y tengas un encuentro con Él. Ese nombre te identifica con lo que está arriba; con aquellos que suben a la cumbre del monte para buscarlo. En cuanto más sea tu búsqueda y estés en el monte santo de Dios, más puertas de oportunidad se te abrirán.

El Significado del Nombre El Shaday

Uno de los nombres de Dios más maravilloso, es /El Shaday/ nombre por el cual se reveló al patriarca Abram por primera vez.

GÉNESIS 17:1
*Era Abram de edad de noventa y nueve años, cuando le apareció Jehová y le dijo: **Yo soy el Dios Todopoderoso**; anda delante de mí y sé perfecto.*

Analicemos: Jehová YHVH se le apareció, y se presentó dándole su nombre; -Yo soy- ...el Dios todopoderoso, autosuficiente. */El Shaday/* se le aparece a Abraham cuando tiene de 90 años, para demostrarle que cuando el hombre no es suficiente, Él es si lo es.

EL SHADAY -El- es igual a Dios y *–Shaday-* es igual a Todopoderoso, o el que fructifica; que alimenta; multiplica. EL SHADAY -Dios Omnipotente- Todo Suficiente

Cuando el hombre pierde las fuerzas, Él es un Dios que proporciona las fuerzas necesarias.

GÉNESIS 28:3-4
Y el Dios Omnipotente te bendiga, y te haga fructificar y te multiplique, hasta llegar a ser multitud de pueblos; y te dé la bendición de Abraham, y a tu descendencia contigo, para que heredes la tierra en que moras, que Dios dio a Abraham.

El Saludo *"El Shaday te bendiga"* fue la presentación de Dios, el cual se le aparece a Abraham para demostrarle que Él siempre está dispuesto para bendecir, porque es el Eterno Dios, **listo para fructificar y dar fuerzas al que no tiene ninguna.** Esta salutación se hizo popular entre los patriarcas, Abraham, Isaac y Jacob, ya que de los lomos de Abraham salieron muchos pueblos y naciones. El Dios de generaciones y multitudes se estaba dando a conocer. La bendición para los descendientes de Abraham, fue palpable y real. Bendición de extensión física, territorial y económica. La herencia del saludo glorioso bajo el titulo magnifico del Dios Todopoderoso les proporcionaría, una bendición total.

-*El Shaday*- Tiene tres referencias en su Omnipotencia. Es igual a Poder infinito expresado mediante su:

- **Su Nombre.** (Génesis 17:1)
- **Su Palabra creativa.** (Génesis 1:3)
- **Sobre la naturaleza.** (Amos 4:13)
- **Sobre todo lo creado.** (Salmo 115:3)
- **Sobre todo poder.** (Romanos 4:17-24)

1. **Omnipotencia** es igual al Poder infinito de Jesucristo, expresado mediante su poder sobre:
   a. Las enfermedades. Mateo 8:3
   b. Sobre los espíritus inmundos. Marcos 1:23
   c. Sobre el maligno, adversario de Dios. Mateo 4:1-11
   d. Destino de los que creen. Mateo 25:31-33.

2. **Omnipotencia** es expresado a través del Espíritu de Dios, mediante:
   a. La unción sobre Cristo. Isaías 11:2
   b. Confirmación del Evangelio. Romanos 15:19.

En Génesis 17, Dios se revela a Abraham como, "*el que fructifica*", para sembrar en su vientre, las semillas por la cual sacaría naciones. Esto lo establecería "por pacto" para hacerle entender que el Dios

Todopoderoso se complacía en hacer milagros en su siervo y a través de él, bendecir a sus generaciones. Al recibir la revelación y creerla, las cosas cambiaran en su vida. Ahora caminaría por fe, andaría delante de Dios dependiendo de las fuerzas "del Todopoderoso" no de las de él mismo, ni por su esfuerzo, ni por su obras; sino por las del Dios que se le apareció y se le reveló como -*El Shaday*-.

El Nombre revelado a su vida, sería en su propio cuerpo (ya desgastado), la energía que daría vida a su sementera. Dios se ha revelado a través de sus nombres a muchas personas y en diferentes oportunidades y épocas. Éxodo 6:3. *Y aparecí a Abraham, a Isaac y a Jacob como* **Dios Omnipotente,** *más en mi nombre JEHOVÁ no me di a conocer a ellos.*

Hoy tú tienes la oportunidad de recibir la plenitud del conocimiento de la persona de Dios a través de cada uno de sus Nombres. Este es el Dios que todo lo puede, el Dios de los imposibles. Cuando el hombre ya no tiene fuerzas es ahí donde Él comienza hacer la obra.

También, Dios es *Shaday* porque Él es el Dios que nutre y da poder y en sentido secundario es "el que satisface". Este nombre presenta a Dios como:
- Sustentador
- Fortalecedor

Jesús mismo se compara con aquello que sustenta y da

virtud al cuerpo humano: **Yo Soy el pan de vida**. En sí mismo está el poder de nutrición espiritual para el ser humano. Jesús tiene vida dentro de la vida de Dios Padre. Por eso nos invita, exhorta a participar de su carne. Alimentarse de la vida de Dios. El que fue y es la acción, el verbo de Dios hecho carne, es la palabra viviente. Si comemos (en figura espiritual) el rollo o la palabra viviente que representa su carne, viviremos eternamente. El gran *Shadai* no sólo nos da la vida espiritual a través de su cuerpo, sino que nos hace fructíferos, y nos da vida en abundancia, (solo Cristo tiene el derecho legal de otorgarla), eso es la vida después de la muerte; es la vida eterna. Las cualidades del Todopoderoso, son dar bendiciones extremadamente buenas, apretadas y rebosantes. *...el que come de este pan, vivirá eternamente. Juan 6:58.*

El Dios Todopoderoso se especializa en lo imposible. Cuando alguien recibe la revelación del Todopoderoso, su vida tiene que cambiar. Hay tres grandes bendiciones escondidas en este nombre maravilloso:

- **Bendiciones físicas:** Te guarda de enfermedades bajo su protección divina.
- **Bendiciones espirituales:** Bendiciones de lo alto de su presencia.
- **Bendiciones materiales:** Bendiciones de lo profundo de la tierra.

El Nombre YHVH

*No tomarás **el nombre de Jehová tu Dios** en vano; porque no dará por inocente **Jehová** al que tomare su nombre en vano. Éxodo 20:7.*

Jehová es el nombre personal de Dios El significado de **Jehová -YHVH-** Su Nombre es SEÑOR. **El Nombre de Jehová -YHVH-** también significa:
-   El que existe en sí mismo y se revela a sí mismo.
-   Ser.
-   YO SOY.
-   Existencia Eterna.
-   Aquel que es en sí mismo.

Jehová muestra la propia esencia de Dios. Se relaciona con el Dios de la Redención y del Pacto que se revela al hombre para salvación.

Cuando Moisés recibe el llamado de liberar el pueblo de Israel, le pide a Dios conocer Su Nombre, con el fin de validar su papel dado por Dios a los hijos de Israel (Éxodo 3:14). Dios simplemente le responde: *"ehyeh-Asher-Ehyeh"*, que significa: "YO SOY EL QUE SOY". El cual deriva de la forma primera persona imperfecta */qal/* del verbo */hayah/* "*yo seré*", indicando una conexión entre el nombre **Jehová** y el ser mismo, en esencia.

-   Todo ser es *contingente, el cual deriva de la

existencia de Él. (*Que puede suceder o no suceder).

- El nombre YHVH también nos habla de *trascendencia absoluta de Dios (*Aquello que está más allá de los límites naturales y desligado de ellos).

Él es principio y fundamento de toda posibilidad de expresión, más allá de todas las descripciones definidas.

YO SOY es la primera persona de YHVH. Él es "SER", "EL QUE EXISTE EN SI MISMO" palabra en hebreo que describe a Jehová el Señor.

La Revelación del Nombre YHVH

Este nombre proviene del verbo hebreo que significa "ser". Jehová enfatiza el *"Ser absoluto de Dios"* -la existencia absoluta del Dios creador-. Él es la fuente de todo ser y toda realidad. Él tiene el Ser inherente – propio- en Sí mismo. Jehová denota absoluta derivación de Dios. Él está más allá de toda su creación. Él es sin principio ni fin. Porque Él siempre **"es"** en su existencia y en su personalidad.

La Primera Vez Que Se Nombra la Palabra Jehová

En Génesis se nombra por primera vez la palabra YHVH ELOHIM (en este texto vemos el primer nombre, junto con su definición de Dios)...*el día que **Jehová /YHVH/ Dios /Elohim/** hizo la tierra y los cielos.* Génesis 2:4. El libro de Génesis fue dado a Moisés en el monte Sinaí a través de ángeles mensajeros. Sin embargo es a Moisés que se le revela el significado del nombre YHVH.

ÉXODO 6:2-3

*Habló todavía Dios a Moisés, y le dijo: Yo soy JEHOVÁ. Y aparecí a Abraham, a Isaac y a Jacob como **Dios Omnipotente**, más en mi nombre JEHOVÁ no me di a conocer a ellos.*

En este texto se hace una asombrosa declaración, Dios revela, que los patriarcas Abraham, Isaac y Jacob, no se les reveló, con el nombre YHVH, sin embargo si como Dios se les apareció como:

- */Adonai/,* Señor
- */Yire/* Proveedor.
- */El Shaday/* Todopoderoso
- /Magen/, YO SOY escudo.

¡Nombres maravillosos! Sin embargo el *nombre de Jehová,* le es revelado a Moisés con amplitud. ¿Por qué? Porque Jehová es el nombre de libertad; en su Nombre hay liberación. En Jehová -el gran YO SOY- estaba escondido Cristo el libertador. Y Moisés fue escogido para ser el libertador del pueblo, y como profeta que representaba la imagen del Cristo salvador.

HECHOS 11:26-27

*...como está escrito: Vendrá de Sión **el Libertador,** Que*

apartará de Jacob la impiedad. Y este será mi pacto con ellos, Cuando yo quite sus pecados...

SEÑOR (YHVH) revela su propia esencia. Jehová se relaciona con el Dios de la Redención y del Pacto que se muestra al hombre para salvarlo. YO SOY, es la primera persona de YHVH. Él es en sí mismo, "SER", "EL QUE EXISTE EN SI MISMO".

*Yo soy **JEHOVÁ**; y yo os sacaré de debajo de las tareas pesadas de Egipto, ...vosotros sabréis que **yo soy Jehová vuestro Dios,** que os sacó de debajo de las tareas pesadas de Egipto. Éxodo 6: 6-7*

Existen poderosas promesas que soy activadas a tu favor, cuando te atreves a confiar y a creerle a su nombre.

¿Dios es Cuadridimensional?

REFLEXIÓN: La Cábala afirma que Dios tiene 72 nombres, también afirma que son las 72 deidades angelicales que conformaban el Sanedrín, dentro de la corte celestial. Es posible que Dios tenga más de 72 nombres, o menos de 72, que destacan su personalidad, pero eso no quiere decir que Dios es uno en UNIDAD, sino que se despersonalice en 72 dimensiones. Alá es una deidad pagana que realza sus 99 nombres, interesante, ¿no?

Si tuvieras que poner cada uno de los nombres de Dios

como dimensiones entonces tú te inventarías algo nuevo dentro de la Palabra de Dios, como si Él en vez de formar el firmamento, lo caminaría por 72 dimensiones.

Según el diccionario de la Real Academia Española, la definición de "dimensión" es: *Cada una de las magnitudes que fijan la posición de un punto en un espacio. Una superficie tiene dos dimensiones: el largo y el ancho.*

Esta descripción da referencia a un plano que forma las dos magnitudes. La magnitud es: extensión, las magnitudes matemáticas tienen definiciones abstractas mientras que las magnitudes físicas se miden con instrumentos apropiados.

¡Presta atención a esto! Para dar forma y consistencia a algo se necesitan tres magnitudes, con ello se formará un gran cubo con espacio y volumen. La altura que es la vertical que siempre se dirige hacia arriba, el largo y el ancho. De ese punto de convergencia y unidad, en cada edificio se establece la piedra base, llamada en latín, *Primarii Lapidis*. De ahí se deriva la primera piedra en la construcción de la base de una cimentación de albañilería; esto es muy importante ya que todas las otras piedras se establecerán en referencia a esta piedra.

Solo hay dos textos bíblicos que hablan de ese punto; la esquina que une las tres líneas que son la base; el eje o inicio de un edificio. Se puede encontrar en Hechos de los Apóstoles 10:11, donde Pedro cuenta la visión que él tuvo, y la cual sería la puerta de salvación que Jesucristo mismo abrió al mundo gentil. El Apóstol escéptico de los gentiles ve como el cielo se abre y un gran pañuelo baja a la tierra con cuatro puntas.

¿Qué es una esquina? Como vimos anteriormente, es el *principio* (esquina) que forma un cuadrado o edificio con fundamento; el gran edificio llamado Universo o los cielos de los cielos, está basado en *una esquina de fundamento.*

Desde Cristo, piedra de fundamento se formó todo lo creado.

Cuando vemos eso, enseguida podemos ver dos cosas: *el amor de Dios* como un inmenso cuadrado, con anchura, longitud, profundidad y altura, que está arraigado y cimentado (Efesios 3: 17-19); y a la gran Jerusalén, que baja del cielo: la gran ciudad de Dios que es un cubo perfecto.

La ciudad se halla establecida en cuadro, y su longitud es igual a su anchura... la longitud, altura y anchura de ella son iguales; (Apocalipsis 21:16). Como haz visto anteriormente, todo esto forma un cubo; que se inicia desde un punto llamado esquina, que es Cristo, la Roca de Fundamento.

Verás entonces **el tres** y **el uno** como prioridad que de ese principio se forma la gran estructura convirtiendo en cuatro. Por eso Jehová enfatizó: Oye, escucha, por atención; YHVH tu Dios es UNO.

Cristo, el Principio de Todo

Basado en la palabra "principio" en Génesis 1:1 y en Juan 1:1. *En el principio la Palabra ya existía. La Palabra estaba con Dios, y la Palabra era Dios*. La palabra *principio* en griego, significa: comienzo, principado y esquina. Jesús coexistía ya con en el Padre, Él era Dios. El verbo, forma y crea todas las cosas; el gran edificio de lo que vemos, los cielos, lo invisible y lo visible, tronos, potestades, principados, la luz, los cielos y la tierra con todo lo que existe en ella, fue formada desde el principio por Él.

El gran edificio llamado Universo o los cielos de los cielos; está basado desde una esquina de fundamento. Desde ese punto -Cristo piedra de fundamento- se formó todo lo creado.

El autor de Hebreos te dice que Dios constituyo heredero a Jesús de todo por quien asimismo se hizo el universo. Esta palabra está basada en el concepto de una edad ininterrumpida; la perpetuidad del tiempo; la eternidad.

El 4 Dentro de la Revelación del Pentateuco

Quiero compartir lo que escribe E.W Buillinger, un gran

profesor de la Palabra de Dios dentro *de los cursos de Formación ministerial:*

"El número cuatro está compuesto por tres y uno. (3+1), señalando, por tanto aquello que sigue a la creación de Dios en la Trinidad, eso es, *Sus obras creativas.* Es conocido por las cosas que son vistas. Por ello la revelación escrita comienza con las palabras *"En el principio Dios CREÓ"* la creación por ello es la cosa siguiente la *cuarta* cosa y el número *cuatro* tiene siempre referencia a todo lo que es *creado.* Es enfáticamente el *número de la creación,* del hombre, en su relación con el mundo como creado. Es el número de plenitud material. Por ello es el número del mundo. El cuarto día, vio el acabamiento de la creación material.

- Cuatro es el número de los grandes elementos de la naturaleza, (agua, fuego tierra aire).
- Cuatro son las regiones de la tierra (Este-Oeste-Norte -Sur).
- Cuatro son las divisiones del día (Mañana-medio día -tarde y noche).
- Cuatro son las estaciones del año.
- Cuatro son las fases de la luna.
- Lengua- raza- tribu- Nación (mundo) (Apocalipsis 14.6).
- Daniel 7:2-3... *Daniel dijo: Miraba yo en mi visión de noche, y he aquí que los* **cuatro vientos del cielo** *combatían en el gran mar.* **Y cuatro bestias grandes,** *diferentes la una de la otra, subían del*

mar. Así es la historia de los poderes de los reinos del mundo.

- El cuarto libro de la Biblia es Números, y se relaciona con la tierra que es un desierto, comparado con el cielo y con nuestra peregrinación a través de él. Habla de las contiendas de *Meriba* y registra la historia de las murmuraciones y las contiendas del pueblo.

- El cuarto mandamiento hace referencia a la tierra.

El Simbolismo Cuádruple en el Tabernáculo de Reunión

- **Los materiales del Tabernáculo eran cuatro** (oro, plata, bronce, madera, material que produce la tierra).
- **Cuatro colores** (los cuatro Evangelios para la humanidad).
- **Las cuatro columnas con las cuatro bases de la puerta** de entrada al atrio *(Éxodo 27:16-17)* que significan que Cristo se hizo justicia por nuestro pecado.
- El número cuatro se relaciona con la plenitud de la tierra. La puerta representa a Jesús, la puerta a la salvación, representada por **los cuatro Evangelios**. Cristo vino a ser la Puerta de acceso a Dios.
- **Los cuatro cuernos en las cuatro esquinas del Altar de Sacrificio,** nos revelan -en este mueble cuadrado-, que el sacrificio de Cristo fue perfecto para el mundo entero.

- **Cuatro hileras de piedras en el pectoral del sumo sacerdote,** estas, nos revelan a las doce tribus de Israel.
- **Cuatro eran las cubiertas del Tabernáculo** (tres de animales y una vegetal).
- **Cuatro casas fueron edificadas por Salomón.**

Muchos más ejemplos podríamos escribir acerca del número cuatro en la Biblia. Las evidencias son claras, como escribe *E.W Buillinger* en su libro, *"cómo entender y explicar los números de la Biblia".*

No existe duda alguna que el **número *cuatro* tiene siempre referencia a todo lo que es *creado.*** Desde la creación, al Tabernáculo, pasando por las profecías hasta llegar al Apocalipsis; el cuatro está relacionado a la creación de Dios, a la tierra, las naciones, la humanidad, los reinos.

El 3 Dentro de la Revelación del Pentateuco

Hemos analizado que dos líneas rectas no pueden establecer ningún espacio, ni formar una figura plana; como tampoco dos superficies planas pueden formar un sólido. Se precisa de *tres* líneas para conseguir una figura plana; y de tres magnitudes para construir un sólido. Por ello, el tres es el símbolo del *cubo,* la forma más simple de figura sólida. Así como el dos es el símbolo del cuadrado -o contenido del plano- (x^2); así el tres es el símbolo del cubo, o contenido del sólido (x^3).

El tres denota aquello que es sólido, real, sustancial, completo y entero. Todo lo completo está marcado por el número tres. Pero en esencia Dios es uno.

Así dice Jehová Rey de Israel, y su Redentor, Jehová de los ejércitos: Yo soy el primero, y yo soy el postrero, y fuera de mí no hay Dios. Isaías 44:6.

En este texto bíblico y profético, se ven las dos personas que se nombran en Juan 1.1, denotando al Padre y al Hijo; este número dos, no nos es de tropiezo sino que este texto denota lo que hasta ahora hemos escrito, Padre e Hijo son uno y la vida de ellos está en el Espíritu de Dios, que está dentro de ellos y en ellos. Jesús como Palabra, es Espíritu Vivificante, quiere decir que el Hijo es Dios, y su esencia de vida es el Espíritu de Dios.

Dios es uno, en nombre, en acción, en pensamiento, en unidad. El verbo era Dios, y con el poder del verbo –acción- con el Espíritu de vida, creó todas las cosas. Dios es uno desde antes de la creación. Nunca se puede dividir el uno. La conclusión a esta disertación es una: Dios es UNO en tres manifestaciones.

¡Cuidado con el Espíritu Santo!

No solo esta seudodoctrina habla que el /Elyon/ es una deidad más grande y poderosa que el mismo Padre Celestial, sino que además de eso, dice que el Espíritu Santo es una creación de Dios, inclinada a lo femenino.

Este tipo de enseñanza afirma, que el Espíritu Santo perdió su cuerpo; algo que las Escrituras no mencionan en ningún lugar.

El concepto de que el Espíritu Santo es femenino, proviene del Gnosticismo, ahora incorporado en la enseñanza de *la cuadridimensión de Dios*. Observa un aparte de lo que ellos mismos enseñan:

"Se debe de considerar que todo lo creado es probado y por lo tanto se puede perder…"

Según esta doctrina, el Espíritu Santo, por ser una *creación* pudo perder el cuerpo, que un día tuvo. Esto es de reconsiderar. Si las personas que creen que existe una *cuadridimensión en Dios*, pueden llegar afirmar que el Espíritu Santo, fue probado y por lo tanto, perdió su cuerpo, entonces no creen que Dios tenga un Espíritu, pues sin Espíritu no hay vida.

El Padre es Dios, Su Hijo es Dios, el Espíritu Santo es Dios. En ningún lugar de la Biblia dice que el Espíritu Santo tuvo un cuerpo que perdió; como tampoco dice que la iglesia es el suplente de dicho cuerpo.

Pablo afirma que somos el TEMPLO del Espíritu Santo, no su cuerpo. Aun el Apóstol va mas allá diciendo lo siguiente: *Ahora bien, vosotros sois el cuerpo de Cristo y cada uno individualmente un miembro de él.* 1Corintios 12:27. Esto lo repite de nuevo en: *…a fin de capacitar a los santos para la obra del ministerio, para* *la edificación del cuerpo de Cristo.* Efesios 4:12. (Efesios 5:23).

No encontrarás en las Escrituras ninguna mención que la Iglesia sea el cuerpo del Espíritu Santo para reemplazar algún otro cuerpo perdido. Lo que si dice es que nuestro cuerpo es el templo del Espíritu Santo; dado que el templo donde se hacían los sacrificios había sido destruido, y la presencia de Dios ya no estaba más ahí. Por lo cual no se puede aceptar que el Espíritu Santo haya perdido un cuerpo, y ahora la iglesia reemplace ese cuerpo.

Resistiendo la Herejía:

Este tipo de enseñanza ya había sido propagada en el pasado, volviendo a resurgir en la actualidad, envuelta en una forma muy sutil de engaño.

Estos desvíos de la fe, interpretaciones y enseñanzas distorsionan los verdaderos conceptos de la interpretación bíblica. Son los diferentes caminos que conllevan a las multitudes abrazar la apostasía, que es la renuncia formal o abandono de la fe. La blasfemia, que es la injuria o irreverencia hacia todo lo que la Biblia inspiracionalmente ha establecido en forma verdadera y correcta, tal cual Dios lo ha revelado por medio de su poderosa palabra.

Es importante recordar que la herejía es vista entonces como una desviación sobre el contenido de

la fe, y puede llegarse a un cisma o división en el seno de la comunidad cristiana.

Las Escrituras muestran que el enemigo se viste como ángel de luz para confundir a los creyentes y distanciarlos de la verdad.

2 CORINTIOS 11:13-14
...Porque éstos son falsos apóstoles, obreros fraudulentos, que se disfrazan como apóstoles de Cristo. Y no es maravilla, porque el mismo Satanás se disfraza como ángel de luz.

Estas personas siempre están tratando de ser innovadoras, y pretenden traer nuevas doctrinas; pero por su propia falta de conocimiento -y la de sus seguidores-, lo que están trayendo son herejías antiguas, rechazadas por Dios mismo.

Conociendo a Sabelio del Siglo III

Esta doctrina, aunque pretenda ser una nueva revelación, no lo es. Su origen proviene del antiguo Modalismo o sea una tendencia de creencias e interpretación propuestas por *Sabelio*. Según la enciclopedia *Sabellius, en latín*; fue un sacerdote y teólogo del siglo III que enseñó en Roma, reconocido como un hereje de los primeros siglos de la iglesia.

Los seguidores de Sabelio pensaban tener la correcta y genuina dirección "de querer saber más de la fe cristiana", por la cual éstos llamados maestros, en su afán de saber más, cometieron errores tanto históricos, exegéticos y bíblicos, al tal punto de volver a resurgir esta tendencias de desviaciones y apostasía en estas últimas décadas.

16

EL PELIGRO DE LA UNIFICACIÓN RELIGIOSA

Este es el pensamiento de nuestros días: *"dejemos a un lado las diferencias religiosas, todo es bueno y aceptable, no importa lo que se practique y lo que se crea."*

Por los diferentes medios de comunicación, se está haciendo un llamado, declarando que el mundo necesita una sola y única religión global. En consecuencia, debemos entender que el sistema ecuménico del cual hoy tanto se habla, es el medio por el cual se están estableciendo los pilares para la consolidación del Nuevo Orden de Gobierno Mundial. No tenemos la menor duda al respecto; estamos siendo testigos de todos estos movimientos que aceleran cada día más la unificación religiosa. Pero, debemos entender que existe un gran abismo de separación entre las enseñanzas de cualquier religión del mundo, con las instrucciones claras y verdaderas de la Biblia. Como verdaderos cristianos, siempre debemos sostener que lo único infalible es la Palabra de Dios inspirada por el Espíritu Santo.

En esta hora son muchos los que intentan llevar a cabo el plan de la imagen de una iglesia mundial ecuménica, donde detrás de esta fachada de unidad, se quiere exaltar la religiosidad humana.

Ciertamente, es el ardor de las tinieblas que debe motivar al verdadero cristiano para promover las misiones, los trabajos evangelísticos y todo lo que tiene que ver con el esfuerzo de enseñar con veracidad y autoridad la Palabra de Dios. Hay que seguir predicando la imperiosa necesidad de un encuentro personal con Jesucristo, y traer un mensaje de arrepentimiento para todas las naciones. No hay que sorprenderse que se levante oposición para detener a aquellos que son llenos del Espíritu Santo y con fervor ardiente continúan perseverando fielmente en el llamado de Dios.

Una de las señales evidentemente proféticas de los últimos días, es que este evangelio está siendo predicado por doquier, para testimonio a todas las naciones. Así está escrito en Mateo 24:14.

El crecimiento de la Iglesia en los últimos años es verdaderamente impactante. Sin embargo, hoy más que nunca es de imperiosa necesidad proclamar el mensaje del evangelio a las naciones; son millones que necesitan oír esta verdad. No es hora de parar, sino de avanzar, y realizar el mayor esfuerzo posible antes que sea demasiado tarde y la puerta de salvación se cierre. Por esta razón, el tema que ahora estás a punto de leer te llevará a entender de qué manera sutil el ataque del **espíritu babilónico** se ha infiltrado con mucha sagacidad y astucia. El cual intenta menoscabar y entremezclar las verdades de Dios con las mentiras del diablo logrando, de esta manera, cautivar y desviar a miles de cristianos bajo intrigas de confusión y engaño. Hoy en día muchos reclaman nuevas formas de unificación global, deseando tener un sistema económico agrupado; requiriendo con mayor insistencia una unidad global en la esfera política; abogando por algo específico como el llamado Nuevo Orden Mundial. La pregunta que habría que formularse seria esta: ¿Se halla incluida en esa seudo unidad global, la religión? Grandes tramas de conspiraciones llenas de confusión, están dando énfasis en la preparación del sistema religioso, estableciendo de esta manera las bases para el resurgimiento de este control mundial.

Recordemos que habrá un líder mundial que la Biblia describe como el hombre de iniquidad, no solo será en el aspecto de la política, sino que hará lo que siempre ha deseado, exigir que se le adore como un dios.

Tal como lo menciona el Apóstol en Pablo:

2 TESALONICENSES 2:4

...el cual se opone y se levanta contra todo lo que se llama Dios o es objeto de culto; tanto que se sienta en el templo de Dios como Dios, haciéndose pasar por Dios.

Él logrará conseguir este propósito por medio del trabajo y la misión que llevará a cabo la segunda bestia, ésta es el falso profeta o sea un líder religioso describe cuáles serán los propósitos de esta fuerza religiosa que se levanta sobre las naciones.

APOCALIPSIS 13:11-14

...Después vi otra bestia que subía de la tierra; y tenía dos cuernos semejantes a los de un cordero, pero hablaba como dragón. Y ejerce toda la autoridad de la primera bestia en presencia de ella, y hace que la tierra y los moradores de ella adoren a la primera bestia, cuya herida mortal fue sanada. También hace grandes señales, de tal manera que aun hace descender fuego del cielo a la tierra delante de los hombres. Y engaña a los moradores de la tierra con las señales que se le ha permitido hacer en presencia de la bestia, mandando a los moradores de la tierra que le hagan imagen a la bestia que tiene la herida de espada, y vivió.

La preparación de las religiones unidas ya ha comenzado, extendiéndose sobre todo el mundo.

Los tres propósitos de este esfuerzo por unir las religiones son las siguientes:

1. La Nueva Organización de la Religión Mundial, estratégicamente intentan de ridiculizar y negar todo pensamiento y convicción que pudiera haber en las personas acerca de Dios, de Jesucristo y de su Palabra Poderosa.
2. Tratando de disolver progresivamente todo concepto de fe en la persona de Jesucristo.

3. Elaborando planes muy sutiles, declarando que la nueva revelación, de la verdadera y única religión mundial, ha llegado a la humanidad y ésta debe pensar en el presente y no en la eternidad.

Hay un aspecto significativo de esta preparación para la religión mundial, y es que se ésta haciendo un gran esfuerzo para unir las diversas corrientes religiosas, incluyendo las que tienen grandes contenidos de prácticas místicas y ocultas. Actualmente existe un llamamiento a que la humanidad abandone esas viejas e inmaduras fantasías religiosas y se torne a una nueva creencia unificada. Esta es la razón por la que hoy se escuchan discursos, con más frecuencia que anuncian lo siguiente: "Todos somos hijos del mismo dios y debemos adorarlo juntos sin importar el nombre con que le invoquemos". Es necesario comprender que no todos son hijos de Dios, ni tampoco se puede acercar a Él invocando cualquier nombre.

Ya el evangelista Juan lo afirmaba en su primera carta:

1 JUAN 5:10-12

...El que cree en el Hijo de Dios, tiene el testimonio en sí mismo; el que no cree a Dios, le ha hecho mentiroso, porque no ha creído en el testimonio que Dios ha dado acerca de su Hijo. Y este es el testimonio: que Dios nos ha dado vida eterna; y esta vida está en su Hijo. El que tiene al Hijo, tiene la vida; el que no tiene al Hijo de Dios no tiene la vida.

No se puede entrar en unidad con cualquier doctrina que se levante en estos tiempos. Veamos los principios fundamentales de la Biblia, que nos une con otros creyentes.

- Cristo el único salvador, hijo de Dios, enviado al mundo a salvar a los que en Él cree. (Juan 15:14).
- Su sangre derramada nos limpia de todos nuestros pecados y nos da entrada a la vida eterna después de la muerte física.
- Nacer de nuevo por el Espíritu de Dios a una nueva vida.
- Vivir una vida apartada del pecado, amando la santidad de Dios. (Juan 14:23).
- Si creen en la venida y retorno de Cristo en Gloria.

Si no tienen estos principios básicos, no se puede aceptar, ni pactar con nadie que crea lo contrario a lo que Dios ha estipulado en su Palabra. Es necesario que en estos días actuales estés firme sin dudar en ningún momento; no puedes comprometer ni negociar tus convicciones en Cristo, por quedar bien con los hombres. Siempre el pueblo verdadero de Dios ha sido llamado a confrontar al diablo, las tinieblas y el pecado, con el poder de la espada del Espíritu, que es la Palabra.

La nueva unificación religiosa, es aceptar todo y a todos, sin importar el trasfondo de donde vengan.

Esto es lo que sostienen: "Es hora de que nos unamos todos, dejemos a un lado las diferencias, al fin todo el que tenga una religión es bueno y aceptable, sin importar lo que practiquen.

Es preocupante ver a diario cuantos se apartan, siendo innumerables las desviaciones de la fe que se está produciendo en todo el mundo. Muchos llegan a decir que todos los seres humanos confrontan los mismos problemas y tienen los mismos deseos, por lo tanto, el hombre iluminado debe elaborar una religión que sea mutuamente aceptable por todos. La nueva religión es fomentada y organizada por todos los conceptos, ideologías y doctrinas de la Nueva Era. Es el intento que los hombres hacen por endiosarse a sí mismos; cada vez más pretenden ser más que Dios.

La Formación de Una Seudoiglesia Unida Mundial

Es importante hacer estas preguntas ante la realidad de lo que hoy el mundo esta viviendo. ¿Llevan realmente todos los caminos a Dios? ¿Se encuentra la verdad no tan sólo en la fe cristiana, sino también en otras religiones mundiales? Todo comenzó a tomar fuerza en el congreso en Sinodal, que se llevó a cabo hace muchos años en Alemania. Representantes de diferentes religiones mundiales participaron en una oración por la paz, entre ellos cristianos, musulmanes, judíos, hindúes, budistas y adeptos a la religión Bahai.

Es importante observar por un instante lo que sucedió en ese lugar. Cuatro musulmanes interpretaron cánticos y oraciones del islam con la participación de todas las corrientes religiosas allí reunidas. Cristianos venidos del África, que participaron en el congreso como representantes de la obra misionera, asistieron al estudio bíblico y a la meditación en textos del Corán, quedaron extrañados por esta forma de tolerancia cristiana. Una hindú allí presente, declaró que volveremos a encontrarnos en la presencia de dios. La conferencia mundial de las religiones para la paz es responsable de la organización, que consistía en textos de cristianos evangélicos, católicos y ortodoxos, así como también musulmanes, budistas, hindúes, judíos y otras religiones más. Los organizadores de esta conferencia dicen que la colaboración de los hombres amantes de la paz de todas las religiones mundiales sería la alternativa del momento, para asegurar la paz mundial e ir preparando el camino para lo que sería el establecimiento de una única religión mundial.

Ellos comparan las diferentes religiones mundiales con un monte a cuya cumbre llevan diferentes caminos, no importando por cual camino uno va, siempre llegará arriba, pues sostienen que todos son hijos de Dios y volverán a encontrarse en su presencia.

JUAN 14: 6

Jesús le dijo: Yo soy el camino, la verdad y la vida y nadie va al Padre sino es por mí.

En esa oportunidad casi todos los 5.000 participantes hicieron meditación budista y se concentraron en un punto de luz, tomándolo como esencia de la suprema sabiduría y del supremo amor, recibiéndolo un pensamiento y haciéndose purificar por él. De esta manera declararon, "así se perdonan sus propios pecados". En ese mismo congreso, los que quisieran seguir los ejercicios de meditación, tenían a su disposición un centro de meditación y una escuela elemental. Ellos han declarado que la meditación quiere ayudar a llegar a la quietud, al silencio interior y al recogimiento, alcanzando un encuentro más profundo con Dios, con el hombre y la creación. Con este fin, ofrecían diferentes ejercicios de meditación entre otros, como el Yoga y el Zen. Todo esto se trata de prácticas provenientes del hinduismo y del budismo.

Esto es realmente una proyección hacia donde se encamina el aspecto religioso mundial. Este congreso como tantos otros que se vinieron realizando en distintos continentes y naciones del mundo a partir de esas fechas en forma constante; indican la mezcla de religiones, con la gran excusa de unirse para temas que deben de preocupar a todos los humanos, como la paz, el hambre, la estabilidad económica y otros.

Estos movimientos han avanzado progresiva y rápidamente en los últimos años, dando cada vez más base a la formación y proyección mundial que esta tiene hoy por hoy: la religión de los últimos días. Esta es la razón por la que existe en estos tiempos más que nunca una continua claudicación en muchas corrientes cristianas y sus propios líderes; esto difiere de la verdadera posición que la iglesia de Jesucristo debe de mantener, ante esta seudo y fingida unidad.

Es importante resaltar que la verdadera salvación viene por y a través de Cristo, así lo declaran las Escrituras: En quién tenemos redención por su sangre, el perdón de pecados según las riquezas de su gracia, Efesios 1:7. (Hebreos 9:11-12). Estos textos nos indican que para ser salvo, se tiene que creer y confesar lo que Jesucristo realizó por medio de su sacrificio perfecto, una vez y para siempre. Todo lo que se quiera procurar establecer fuera de este fundamento, es apostasía y engaño. Pablo establece lo siguiente:

ROMANOS 1:16
Porque no me avergüenzo del evangelio, porque es poder de Dios para salvación a todo aquel que cree; al judío, primeramente, y también al griego.

Hoy más que nunca en medio de este esfuerzo sutil y por cierto muy sagaz por tratar de unificar a todas las corrientes religiosas, se han propuesto convencer a los ministros del evangelio para que acepten la tendencia de la inclusión dentro de una única y sola religión; esto se hace con el fin de que a la vez se pierda y desaparezca por completo la verdadera responsabilidad de la Gran Comisión dada por Cristo mismo que es la de evangelizar al mundo.

¿Cómo es posible que nos detengamos en la gran comisión que el mismo Señor Jesucristo nos ha dado? (Mateo 28:18-20). Hoy más que nunca es de imperiosa necesidad el proclamar el mensaje del evangelio a las naciones. Son millones lo que lo necesitan. Solo por medio de esta verdad los hombres y las mujeres pueden ser salvos. Fueron miles los que entregaron sus vidas, con el propósito de llevar el evangelio a los que estaban perdidos; manteniendo siempre en alto la verdad triunfante del evangelio de poder. No es hora de parar, sino de avanzar, realizar el mayor esfuerzo posible, para proclamar el evangelio de Jesucristo, antes que sea demasiado tarde y la puerta de salvación se cierre. Hoy delante de nosotros está un gran desafío y es el de mantenernos firmes en la gran comisión, sin permitirle jamás a los planes de las tinieblas, que apaguen la ardiente llama de la fe en el Cristo resucitado.

Hay una unidad verdadera y transparente en el cuerpo de Cristo, o sea su Iglesia, pero no se puede pactar con nada ni nadie que no traiga el verdadero evangelio.

Todas aquellas religiones que no sean parte de la verdadera y genuina Iglesia de Jesucristo y que no pertenezcan a su cuerpo; se van transformando progresivamente en la unión de las religiones anticristianas, como contraposición de la triunfante Iglesia del Señor. A medida que todo esto avanza, estos movimientos se irán intensificando cumpliéndose así la profecías bíblicas. (Apocalipsis. 13:4, 8). Los únicos que no podrán participar en esta trama de engaño tan sutil -dice este texto bíblico-, serán los nombres de los redimidos que se hallen registrados en el libro de la vida.

Hoy en día, todo esto se va entretejiendo bajo el nombre de unidad religiosa o ecumenismo religioso, el cual está a favor de un nuevo orden de paz universal.

Hoy más que nunca en la historia de la humanidad, las diferentes corrientes religiosas, se desvían más y más del verdadero y único Dios, revelado en la Biblia (Apocalipsis 17:15). Esto indica que una de las fuerzas donde se apoyará el anticristo para conseguir gloria, esplendor y reconocimiento divino; será en esa religión unificada, que tendrá mayor fuerza y poder para los días en que se manifieste.

La Unificación Toma Fuerza por Causa de la Frialdad de los Creyentes

Cada vez es mayor la ceguera espiritual que hay en millones de seres humanos, ya que viven descuidando sus responsabilidades espirituales, como la de buscar a Dios en oración y la lectura continúa de su Palabra poderosa. Necesitas saber que todo aquello que resta valor e importancia a la rendición y búsqueda de Dios, nunca puede venir de la enseñanza de la Biblia. Dios ha declarado, que el que pide es el que recibe, el que busca es el que halla y el que llama es al que se le abre. Debes cerrar tus oídos a la mentira del diablo, y sólo abrirlos para oír la voz de Dios.

¿Cuantos hoy en día se están apartando de Jesucristo, de su poderosa victoria, de su luz inefable y de su presencia permanente?. Son muchos los que prefieren vivir en condiciones de temor, debilidad, desánimo y desaliento, entregándose a un espíritu anticristiano, anti Dios y anti Biblia; abrazando sus propios conceptos erróneos y destructivos. Si te das cuenta que las personas que te rodean están amando el adulterio espiritual y siendo arrastrados por un espíritu de indiferencia; no dejes que su actitud afecte tu vida espiritual. En esta hora de confusión solo mantén tus ojos puestos en Jesucristo.

¿Ahora cuál es el efecto de todo esto? Proféticamente la Biblia revela que en un día venidero, habrá una sola religión conformada por una seudo Iglesia; es decir un sistema religioso que abarcará a toda la gente del mundo, que haya rechazado a Jesucristo como su verdadero y único Salvador personal. No hay duda al respecto. La Biblia declara que en el postrer tiempo se levantará un líder religioso sumamente sagaz, sutil e inteligente que logrará que toda la gente del mundo forme parte de una religión global unificada. Esto es lo que describe el libro de Apocalipsis, llamada proféticamente la religión de los postreros tiempos. En estos mismos momentos la humanidad está participando de este proyecto de religión global que está abarcando a todos los pueblos de la tierra. Existe actualmente un tipo de preparación, que esta demarcada por los acontecimientos religiosos que están ocurriendo en estos días, con la forma final que tomará la religión de los últimos tiempos.

Cuando observas todo lo relacionado con la religión de la hora final -de acuerdo a lo que las Escrituras Sagradas te enseñan-; la respuesta es que puedes aprender mucho de la Palabra de Dios. Y a la misma vez ser advertido por ella, para no caer en las redes sutiles del engaño religioso. Existen varias descripciones bien determinantes con referencia a ese sistema religioso. El desvío de la verdadera fe. El apóstol Pablo, dedicó bastante tiempo, haciendo resaltar los problemas de sus días, para dar una proyección con respecto al futuro profético.

1 TIMOTEO 4:1-2
Pero el Espíritu dice claramente que en los postreros tiempos algunos apostatarán de la fe, escuchando a espíritus engañadores y a doctrinas de demonios, por la hipocresía de mentirosos que, teniendo cauterizada la conciencia.

El Ecumenismo: Una Religión Globalizada

Ciertamente el Ecumenismo es un arma destructiva de Satanás. ¿Por qué se necesita conocer acerca de este movimiento religioso Satánico? Debes entender desde una perspectiva bíblica y profética que éstos son los últimos tiempos; cada vez con mayor intensidad la astucia del enemigo se va consolidando y la Iglesia verdadera de Jesucristo debe discernir los pasos y estrategias que en un momento darán a éste, absoluta influencia y poder mediante sus distintas alianzas en el intento de establecer la unidad religiosa a escala mundial.

El conocer en detalles como viene operando este engañoso pero sutil movimiento, su historia, objetivos y consecuencias, revelará el gran conflicto religioso que vive el mundo hoy en día. El ecumenismo aparenta predicar una hermosa y sublime unión; desafortunadamente esa unión o ecumenicidad no es para fortalecer el cristianismo, sino para destruirlo por completo.

Durante los años 1962 a l965, en el transcurso del último concilio ecuménico, el Vaticano II, elaboró un documento titulado *"Unitatis Redintegratio"* es precisamente de este concilio de donde se puede tomar una definición clara del movimiento. Por esto se entienden las actividades e iniciativas que, según las diferentes necesidades de la iglesia en las circunstancias de los tiempos, se suscitan y se ordenan a fomentar la unidad de todos los cristianos con todas las religiones del mundo. Además, entroniza la frase hermano separado sin entrar en debates cismáticos, teológicos o doctrinales.

¿Creen lo Mismo Todas las Religiones?

Esta es una interesante pregunta, pero las escrituras sagradas son claras, y al respecto nos dice:

MATEO 7:21
No todo el que me dice: Señor, Señor, entrará en el reino de los cielos: mas el que hiciere la voluntad de mi Padre que está en cielos.

Es más que seguro que a muchos de los verdaderos cristianos en ciertas ocasiones, algunas personas, que por consiguiente no pertenecen a la Iglesia del Señor Jesucristo, pero que se autodenominan con el seudónimo cristianos, han llamado *"hermano"* pues muchos de ellos dicen: *"Todos somos hermanos"*, mas cuando se comienza a indagar e investigar en estas situaciones es de darse cuenta de que en verdad no son vuestros hermanos en la fe, pues no ejercen la misma doctrina; ¡si quisieras dar una respuesta inmediata a la pregunta planteada dirías determinantemente: "¡NO!" pues el cristo en el cual ellos creen no es el mismo Cristo en quien tú has creído.

No pueden existir distintas variantes de un Dios, de un Cristo o de una doctrina. Pablo lo afirmó diciendo:

EFESIOS 4:5-6
Un Señor, una fe, un bautismo, un Dios y Padre de todos, el cual es sobre todos, y por todos, y en todos.

Este texto establece un principio que no puede ser alterado ni cambiado de ninguna manera. Para comprender y discernir que sólo existe una verdad, ésta no puede unirse o mezclarse a las variantes mentiras que profesa el actual seudo cristianismo.

Este falso movimiento ecuménico moderno tiene sus inicios hacia el año 1910 en la Conferencia Misionera realizada en Edimburgo, Escocia.

En aquel entonces no deslumbraba el ecumenismo a tal magnitud, pues consideró que solo existiría la unidad cristiana si todas las iglesias que se separaron de la religión oficial de Roma y Babilonia volvían a su seno; sin embargo, venía mostrando cierto interés a través de los diferentes y constantes esfuerzos. En sí, el ecumenismo nace en ambientes protestantes después de la labor que varios misioneros hicieron al querer evangelizar regiones paganas en África, Asia, y Oceanía en el siglo XIX; cuando descubrieron que las diversas doctrinales existentes entre ellos fundaban un obstáculo para su evangelización, pues no representaban a un solo Cristo ante los paganos, sino divisiones o variantes de un Dios. luego de la conferencia de Edimburgo, se fundaron otras organizaciones con el mismo objetivo de establecer la unidad religiosa.

Más adelante todas estas organizaciones se unieron para formar El Consejo Mundial de las Iglesias *en Amsterdam el 23 de Agosto de 1948.*

Recientemente se celebró el aniversario de dicho consejo que se considera como el movimiento ecuménico más importante a nivel mundial, al cual asistieron todos los líderes de las diferentes tendencias religiosas, se levantaron mutuamente las excomuniones que pesaban sobre ellos desde el 1054, cuando ocurrió el llamado Gran Cisma. Esta alianza sería la más importante y principal si es que se quiere llegar a un auténtico ecumenismo, cuando las iglesias de Oriente y Occidente vuelvan a unirse después de más de mil años. El movimiento ecuménico no solo pretende unificar al cristianismo; como se ha estado percibiendo, sino que además a todas las religiones del mundo. Intentando por todos los medios unificar a todas las naciones y pueblos bajo una sola y única religión.

¿Cuál es la Verdadera Posición que Habría que Tener?

Jamás se puede aceptar todo lo que sea contrario a los fundamentos inalterables de la Palabra de Dios, pues hay que entenderse que la Iglesia es el Cuerpo de Cristo, no puede mezclarse con doctrinas ajenas a la voluntad del Dios Todopoderoso. Es verdad que nuestro Señor Jesucristo vendrá muy pronto a recoger a una sola Iglesia, pero es definitivo que esa Iglesia será aquella que fue establecida por él mismo, y no otra que ha sido fundada y establecida por la voluntad de hombres de mentes perversas, que han formado sus religiones basados en sus malévolos pensamientos.

Atendamos fervientemente a la voz del Señor diciendo:

APOCALIPSIS 3:11-13
...He aquí, yo vengo pronto; retén lo que tienes, para que ninguno tome tu corona. Al que venciere, yo lo haré columna en el templo de mi Dios, y nunca más saldrá de allí; y escribiré sobre él el nombre de mi Dios, y el nombre de la ciudad de mi Dios, la nueva Jerusalén, la cual desciende del cielo, de mi Dios, y mi nombre nuevo. El que tiene oído, oiga lo que el Espíritu dice a las Iglesias.

Aquí tienes una palabra importante con respecto a la religión de los últimos días, lo que habría de venir y manifestarse, como confirmación de la propia revelación divina. Esto sería un desvío total de la verdadera y genuina fe, propagándose una desencadenante apostasía, que negará las doctrinas fundamentales del cristianismo. Espíritus engañadores, falsos maestros que llevarían enseñanzas con un contenido de doctrinas demoníacas, que pueden hacer extraviar a cualquier cristiano que se descuide y viva despreocupado de su responsabilidad de escrudiñar la Verdadera Palabra y que no busque a Dios de verdad. Una persona que cae de la genuina fe, se expone a ser víctima de cualquier trampa y red diabólica, ya que el apartarse y alejarse de la Palabra de Dios, se volverá totalmente insensible a la verdad espiritual. Mientras la fe resalta y realza la esperanza de la vida eterna, la cual te asegura que Dios nunca puede mentir y que lo que El prometió es sí y amén, el desviarte de esta verdad central provocará la desesperación y muerte eterna.

TITO 1:2
Es la esperanza de la vida eterna, la cual Dios, que no miente, prometió desde antes del principio de los siglos.

Esta es la razón, por la qué hoy en día hay un sorprendente y significativo desvío de la fe; pues muchos están aceptando unos sistemas de religiones que aparentan tener la imagen del cristianismo, pero que en realidad son religiones con prácticas que van en contra de la Palabra de Dios. Sería casi imposible describir las innumerables y terribles desviaciones que existen hoy, apartando a millones de hombres y mujeres del verdadero camino. El mundo está bajo el poder del maligno, y como consecuencia vemos que hay muchos que se han declarado enemigos del evangelio; sin embargo, no hay que asombrarse que viven dentro de una apariencia de vida cristiana, cautivos por la aceptación de la falsa unidad religiosa. ¿Por qué razón desean muchos contrarrestar el verdadero y genuino evangelio de Jesucristo? ¿Por qué predicar otro Señor y Salvador que no sea Cristo? ¿Por qué negar que la salvación es algo que sólo Dios puede otorgar al hombre y a la mujer?

La Biblia nos advierte que resistamos con la Palabra de Dios toda falsa enseñanza e intento de ser arrastrados por esa fuerza conspirativa de religión mundial.

Bibliografía

Biblia Plenitud

Diccionario Strong

Diccionario de la Real Academia Española

Diccionario Vine

Diccionario Bíblico

"Mind Control? Scientists Have Discovered How To Use Nanoparticles To Remotely Control Behavior!" – *End of The American Dream*
http://endoftheamericandream.com/archives/mind-control-scientists-have-discovered-how-to-use-nanoparticles-to-remotely-control-behavior

Blue Letter Bible©2018
https://www.blueletterbible.org/about/

Artículos usados en el capítulo "Es Dios Sobrenatural o Todopoderoso?":
[1]	http://www.rollingstone.com/music/news/the-epic-life-of-carlos-santana-20000316
[2]
http://es.wikipedia.org/wiki/Supernatural_(%C3%A1lbum)
[3]http://es.wikipedia.org/wiki/Sobrenatural